ベールを脱ぐ実在《リアリティ》

UNVEILING REALITY

ジョン・デ・ライター
John de Ruiter

尾本憲昭 訳

ナチュラルスピリット

UNVEILING REALITY
by John de Ruiter

この対話集をほかの人たちが利用できるように、自ら進んで時間と能力を提供してくれた人たち全員に心から感謝申し上げます。

ジョン
２０００年１月
カナダ、エドモントンにて

目次

序文

我々人間は、実に素晴らしい能力を持っています……あらゆる領域にわたる意識を持っているのです。精神《マインド》、肉体、感情、意志、直感といった乗り物を通して、内と外に向かう存在の動きの果てしなく広大な、あるいは果てしなく複雑な次元を経験することができます。あとで分かるように、その内部で、宇宙と一つになるという深遠な深みを分かち合う能力を持っています。そして、それと同時に我々が持っているのは力です——究極的とも言える力、全宇宙の中で最も偉大な力です。それ自身でいることしかできないほかの存在と違って、現実であれ幻想であれ、自分のなりたいどんなものにもなることを選択する力を持っているのです。

我々は、存在として、自らを動かしているものや、人間であることのこうした豊かで多様な経験の中で自分が最も愛しているものを認識しています。感覚に包まれた状態のその下に、善なるものが流れているのをはっきりと知っており、それを愛しています。それは、人間の心《ハート》——意識です。そして、その心、意識は、自らが誕生した根源である「真なるもの」、自らに触れ、内部で実に様々な方法によって自らに栄養分を与えてくれる「真なるもの」に知らず知らずのうちに心を寄せています。

　感覚的な経験に包まれてやってくる、こうした形のない存在の接触は、我々の心を鎮め、安心させ、我々に純粋な栄養分を与えてくれます。それらは美しく、そして真実です。しかし我々は、こうした接触が自分の中に流れ込んだ時と同じくらい簡単に自分の中を動くのを許し、そうした存在と同じ真実の道に生きる代わりに、**自分自身のために**その美しさを見つけ出します。こうした存在の接触がその中を通ってやってきた乗り物と自分とを同一視し、それが自分であるという感覚を**形成**し始めます。自分に喜びと安らぎを与えてくれるものを自分から切り離し、それを望み始めます……それを求め始めます。実際、意識としての我々は、そうした経験にしがみつき、その持ち主が自分であると主張し、心地よいと思うものなら何でもしっかりと握りしめ、どんなものであれ、そうでないものは遠ざける能力を持っています。自己の欲求を満たすという本質的に不完全な道のために、完全で本当のあり方を放棄する力を持っているのです。

　そしてそれが、意識としての我々自身の歪みの始まりです。望むことや必要とすることを自分自身だと考える幻想のような自己同一化に席を譲れば譲るほど、本当のものが存在する余地は小さくなります。ほどなく、何が真実であるのかを見分けることすらできなくなります。そうして我々は求め始めます。

　こうした誤った「存在との自己同一化」は、一見とらえにくいように思える実在《リアリティ》を探し求めるよう我々を誤って導くようになります。つまり、存在するのは**知っている**が、どういうわけか、もはや見つけることができない「真なるもの」です。表現の乗り物を**通して**自らを表す純粋な意識、愛、「真なるもの」そのものの実在《リアリティ》を認識し、そうしたものに自らを明け渡す代わりに、誤って自分自身を表現の乗り物と同一視するのは、意識としての我々です。

そうした自己中心的なあり方においては、我々が触れるものすべて、我々が行うことすべてが汚《けが》れたものになります。我々の生きる目的が、「真なるもの」の栄養分や美しさを自分のものにすることや、感覚の満足――心地よいと感じること、安らかでいること、自分のものだと主張できるものを持つこと――を求めることであるとすれば、我々は、いつの間にか自分が絶えず探し求め、**本当には**決してそれを見つけられずにいることに気付くでしょう。我々は、かつて味わったことがあり、今また得たいと強く望んでいる「真なるもの」それ自身のような本当のあり方ではなく、執拗に繰り返される欲望というあり方の中にいる意識になっているのです。

皮肉なことに、我々が何よりも愛しているその「真なるもの」そのものは、常に我々にどのようにあるべきか示してくれました。我々が**本当に**心を寄せているのは、内面の安らぎ、穏やかさ、愛に満ちた状態との本当の一体感です。我々が**本当に**心を寄せているのは、自分を完全に満足させ、育んでくれる唯一のあり方です。しかし我々は、意識として、自己中心的な願望に基づく個人的な愛を作り出します。本当の存在に対する**愛**を、不正直な努力をすることが**自分自身だと思い込む気持ち**に置き換えてしまうのです。不安で落ち着かなくなり、何かを握り締め、コントロールしようとする努力の中でこり固まってしまうのです。**本当の**存在のあり方の穏やかで愛に満ちた状態を、内面的な努力やこだわりと入れ替えてしまうのです。個人的な望みや夢に身を任せることで、自分が本当だと**知っている**善なるものを失い、自分が本当だと**考え、感じる**善なるものを手に入れようとするのです。実在《リアリティ》とのつながりを失い……道に迷ってしまうのです。代わりに個人的で本質的に空虚な実在《リアリティ》を生み出してしまったために、**唯一の**実在《リアリティ》に自分を明け渡すという誠実さを失っているのです。

私は17歳の時、思いがけず、根源――親しみのある内側の宇宙と、それと同時に存在する同じように親しみのある外側の宇宙――と一つになるという状態を知り、経験する機会に恵まれました。私はその二つの宇宙の間で意識を保ち、澄み切っていましたが、同時に二つの宇宙との一体感の中にいました。実在《リアリティ》に対する私の意識は、全く想像もできなかったような方法で拡大しました。私は歓喜、愛、内面の深い安らぎを経験し、深い愛とともに本当の存在のあり方と再びつながれるようになりました。ただその時は、それが何なのか自分では理解することができませんでした。

その本当の存在のあり方はゆっくりと消えてゆき、一年後にはすべてが、やって来た時と同じようにあっという間に姿を消してしまいました。気がつくと私はすっかり空っぽになっていて、不完全な存在だと感じるようになっていました。根源、実在《リアリティ》、「真なるもの」と一つになることを経験するという深い理解や恍惚感、そしてその時すでに自分がその中にいるようになっていた栄養分に満ちた状態という充実感がなければ、人生は意味のない、表層的なものでしかありえないと思いました。それでも、信じられない喪失感のように思えた状態の中でも、私はごくわずかな小さな認識を持っていました。理解することも経験することもできませんでしたが、その年の間中ずっと非常に温かな気持ちで再び身近に感じるようになっていた本当の優しさや安らぎの状態のことを私はまだ**知っていた**のです。

自分の感情や精神にどれだけ個人的な犠牲が出ようとも、自分が本当だと知っていたその存在のあり方の中にただとどまる代わりに、私は最初、「真なるもの」の感覚を取り戻そうとしました。自分自身の正直さがより純度の高いものになるのを許した時、私は、大切なのは経験そのものではなく、ただ「真なるもの」なのだと気付きました。しかし、自分は道に迷っていると思いました。それから、自分に帰り道を示してくれるかもしれないと思ったものを執拗に追い求めながら、いろいろな方法で懸命に努力し、熱心にその道を探し始めました。そしてそれによって、意識として……、自分自身の内側でどんどん深いところに連れて行かれたのです。自分が出会った教義、教師、技法を、自分の正直さに一つ一つ検証させたのですが、結局それらはどれも絶対的な真実とは言えないと気付くだけでした。私は完全に打ちのめされたのです。さらにもう一つの真実でないものを発見するたびに、自分が内側のさらに深いところに落ちて行くようにしました。私は意識として、自分自身の井戸のどん底にいたのです。その井戸は、自分自身が絶えずバラバラになって、さらにどんどん深く落ちて行くような形で自分が掘ったものでした……そして、そこには水はなかったのです。

とうとう私は、一切飾りのない心、純粋で絶対的な正直さによって、ただひたすら自分を解き放ちました。ただその暗闇の井戸のどん底にいて、そこから再び這い出そうとしてもがいたり、二度と水を期待したりすることがない状態に……無条件で……身を委ねたのです。その時でした、純粋な存在の、愛に満ちた実在《リアリティ》に再び浸されるようになったのは。かつて知っていたのと同じ完全に無垢な「真なるもの」の実在《リアリティ》に満たされるようになったのです。しかしこの時はただ、内側で自分自身が空っぽになるのを許した深さまでしかその状態に満たされませんでした。この時私は、自分が個人的な生活よりもっと深く「真なるもの」を愛していると分かっただけでなく、「真なるもの」は、完全な正直さと、その正直さが明らかにするものに対して開かれた穏やかな状態で身を任せることによってしか**本当には**明らかにならないことも分かりました。「真なるもの」とは、個人的な必要性や要求を握りしめた状態で追求するものではなく、手に何も持たない状態でただ実在《リアリティ》を愛するということです。

それから何年も、目覚めた状態は続きました。私は、自分が作り出した自分自身の構造や、精神や感情といった愛着が消え去るようにしながら、常に正直で、自分が本当だと知っているものに自分を明け渡した状態にとどまっていました。そして、そうした状態が起きるにつれて、統合された意識として機能する能力――自分が最も心を寄せているものの存在として機能する能力――が自分の中にとどまり始めたのです。私は、自分はただ「真なるもの」のために働くだけだということをますます深く理解するようになりました――自分が本当だと知っているものに自分を明け渡した状態で生きるだけだ……どれだけ個人的な犠牲を払っても――と。自分はもはや自分自身ではない。自分は「真なるもの」の所有物である。自分が個人としてどんな人間であるのか、どんな力があるのかといったことには全く関心がなく、ただ、心の内側の絶対的な正直さが支えとなった本当の存在への愛があるだけなのです。

それと同じ本当の存在のあり方の中で意識としてただゆったりとくつろぐことは、誰にとっても非常に簡単なことです。必要なのは、ただ自分が正直に本当だと知っていることに、曇りのない状態で身を任せることであり、そのために求められる代償は、ただ自分の個人的な夢……幻想を放棄することだけです。そして、「真なるもの」が、自分の中の本当でないものにすべて取って代わる地点まで、「真なるもの」を招き入れ続けた時、あなたは本当の自分になり始めます。**本当の**自分自身を知るようになり、ごく幼かった頃にあなたがその中にいた実在《リアリティ》を理解し、生きるようになります。人間的な「何かを欲しがる」存在、自分自身が作り出した幻想の奴隷としてではなく、本当の人間、愛される「真なるもの」の奉仕者として成長し始めるのです。

「真なるもの」とは非常に安らかなものであり、この上なく栄養分に満ちた、完全なものです。それは、我々がずっと探していた最も大切なものであり、常にここに、自分自身の心の内側、意識としての自分自身の内側に存在してきたものです。「真なるもの」は意識ですが、我々自身の歪みがそれを覆い隠しています。「真なるもの」は常にすぐそばにあったし、いつでも手の届くところにありました――我々が扉を開くのをひたすら待っています。そして、我々が人間として持っている最も偉大な力は選択です。我々は、幻想という自分自身の柵を作り出し、それらの柵に囲まれた中であらゆるものを作り出すことを選択することもできますし、その扉を開けて実在《リアリティ》を招き入れることもできます――その純粋さと深遠なる善に完全に自分を吸収させることもできるのです。すべては自分次第です。しかし、その扉を開けた瞬間――ほんのわずかな隙間でも――、内側で自分自身が正直であるようにすれば、その時我々が出会うのは、全く抵抗し難い圧倒的な魅力を持つものです。

ジョン・デ・ライター
2000年2月
カナダ、エドモントンにて

はじめに

目覚めることは、必ずしも心地よいものではありません。
なぜ今までずっと眠ることを選んでいたのか、その理由を知るようになるからです。

目覚めた時、あなたが最初に理解するのは、**「実在《リアリティ》」があなたのためにに存在しているのではなく、あなたが実在《リアリティ》のために**存在しているということです。

それは衝撃的なことかもしれませんが、あなたがそれを招き入れた時、そこには安らぎがあります。

あなたはもう、本当ではない何かを無理やり本当にし、存在しない実在《リアリティ》をつなぎ止めるために苦労する必要はないのです。

あなたと、あなたが生きているこの人生は本当ではありません……

衝撃……痛み……こなごなに打ち砕かれるような経験だとしても、それらを通してそれを招き入れれば、そこには安らぎがあります。

実在《リアリティ》とは、あなたが知りたいと願うものがただ本当のものである時に存在します……あなたが**それを招き入れ、本当になれる**ように。

実在《リアリティ》は、**あなた**――あなたが作り出したあなた――にとって安全な場所ではありません。それは、あなたが消えてなくなる唯一の場所、**あなた**の望み、**あなた**の夢のための余地が存在しない場所です。

実在《リアリティ》が自分を目覚めさせてくれるようにあなたがひとたびそれを招き入れれば、つまり、あなたが再び目覚め始めれば、それを追い払えるものは何もありません。

それは、**あなた**の終わりの始まりです。

目覚めることは、あなたの夢がもたらす苦痛よりもはるかに大きな痛みを伴うこともあるでしょう、

しかし、目覚めることは**本当**です……

そして、そこには融合があります。

実在《リアリティ》とあなたの融合が。

あなたと実在《リアリティ》は、一つであることを受け入れることも望むこともない世界、二つであることを受け入れ、望む世界で一つになるのです。

あなたは、支配する達人になる代わりに、愛される僕《しもべ》になるのです…。

ジョン・デ・ライター
２０００年2月
カナダ、エドモントンにて

以下の7つの章は、カナダのエドモントンとバンクーバー、英国のロンドンとブリストル、米国のボールダーで行われたジョン・デ・ライターと聴衆との集会の録音記録を編集したものです。

本書の文章は、区別が付くように、ジョンの教えとゴチック体で表された聴衆の質問からなっています。

対話1　スピリチュアルな道について

１９９９年1月15日、カナダ、バンクーバーにて

何かに値するものがあるとすれば、
それは、偽りのない正直な心が
本当だと知っているものだけです。
そして、その心はそのために生き、
そのために死にます。
それが、その正直さにとってすべてです。
それは、ただ一方向の流れです。
あなたが存在するのはすべて、あなたが本当だと知っているもののためです。

あなたは最後には、自分の権利をすべて放棄するようになります。

愛する権利、幸せになる権利、痛みを和らげる権利、平安になる権利……道を歩む権利を。

そして、その時残るのは、再び何らかの通行権を持つようになるのは、あなたが本当だと知っている最も小さなものだけです。


これほど簡単なことはありません。

それが、この人生が存在している目的です。

それが、表層の肉体が存在している意味です。

望むものや必要とするものではなく、「真なるもの」を表現するための生きる乗り物として。

内側で静かになり、穏やかになった時、
我々は本当に知るようになるのです。

――本章は、１９９９年1月15日にカナダのバンクーバーで行われたジョンと聴衆との対話から抜粋したものです。

質問者：修行や戒律についてお聞きしたいことがあります。いくつかの伝統的宗教では、修行が明け渡しに至る道の一部になっています。仏陀の道では、戒律が非常に重要で、努力してひれ伏すことが修行の一部になっています。

ジョン：つまり、形のない、構造を持たない自分の部分を見つけるために構造のあるものを使うということですか？

そうですね、ほかにもよく訓練された特定の方法で肉体を使うこともあります。

肉体の中にいること、形の中で機能すること、それはいいでしょう。しかし、意識あるいは心《ハート》の内側にある実在《リアリティ》に到達するために、肉体と一緒に精神《マインド》や意志を使うとすれば、それはうまく行かないでしょう。それは、形の**ない**ものを探し出し、獲得するための方法として、物理的な形態の乗り物と一緒に、精神や意志の集中を用いるということです。意志や精神によって、「真なるもの」、実在《リアリティ》、存在を手に入れることはできません。それらは、心の内側にある「真なるもの」あるいは存在という形のない実在《リアリティ》に到達するために使うことはできません。形のあるものはどれ一つとして、精神、感情、肉体、意志、直感のような「表現のための表層の乗り物」はすべて、またそれらを組み合わせたものも、あるいは、どのような構造、規律、修行も、心の内側にある本当の存在のあり方という形の**ない**実在《リアリティ》に到達するための方法として使うことはできません。

どのようなものであれ「表層の乗り物」を使って、どれだけ何かをやろうとしても、それを得ることはできません。いったん外側の行為、**やろう**とすることをすべて、真実である内側の**存在のあり方**に明け渡せば、その時、心の中、意識の最も深いところで生まれるその本当の存在のあり方が、「表層の乗り物」を**通して**、形として本当に**表現される**ようになります。しかし、それは最も深いところから外側へと向かう一方向の流れです。外側から内側へと向かう方向で得ることはできません。あなたは、**「ある」**ために何かを**「する」**ことはできないのです。

おっしゃることはあるレベルでは理解できますが、深いレベルでは理解できません。深いレベルで、ただ**「ある」**ことができるのに、なぜ**「ある」**ためにいつも何かをしようと

「する」のですか？　規律や集中、何年も何年も何年も何かを「するという方法」を使わずに、「それを得る」ことができるとしたら、「ある」ためにまだ何かを「する」ことをしますか？

何年もの間いろいろなことをやってきたあとで、それらがどれも必要ないことが分かったという気にはなれません。（私が言っているのは）規律や瞑想、修行、導師、ある種の学びなどです。それらをすべて、今おっしゃったように割り引いて考えることはとてもできません。

では、それらを全部**やり**続けるのですか？

いえ、私はただ、これまで自分がやってきたことについて話しただけです。そしてそのあとに、例えば、実は本は役に立たないとか、学ぶことは役に立たないとかいった話を聞いているのです——それをすんなりと受け入れることはできません。

すでにそうしたことに投資してきたからですか？

確かにそういう部分もあります。

しかし、もしあなたが、そうしたことにとても大きな投資をしようとしていて、そんなことは何もする必要がないということが可能だとしたら、それはあなたの気に障りますか？

私がたった今スピリチュアルな道を歩み始めるとしていたら、という意味ですか。どう言えばいいか分かりませんが、（私はこれまで）とても深く関わってきました。規律という部分は、本当に私の人生の一部になっているのです。深く関わってきたというのは、そういう意味です。

その深い関わりは、あなたのために何をしてくれましたか？

私にスピリチュアルな道を歩み続けさせてくれました。

そのスピリチュアルな道は、あなたのために何をしてくれましたか？

そうですね、今日私をここに連れて来てくれました。

その前は、あなたのために何をしてくれましたか？　何年もの間、そのスピリチュアルな道は、あなたのために何をしてくれましたか？

自分の存在を認識することができました。

それはどんな感じですか？

人生には単なる世俗的な面以外に、自分の中にもっと深い部分があることを理解しています。

しかし、あなたが道を歩み始める前でも、内側が静かになった時は、同じことを理解していたでしょう。あなたには、あなたが表層でよく知っている人生よりもはるかに深い部分があります。

ええ、そのことは分かっていたと思いますが、それでもまだもっとつながりたい、あるいはその（もっと深い部分の）中にいたいと思ったのです。

人が道の上を歩いている時は、特にそのことに真剣である時は、意識の内側のより大きな深みに心を開放し、穏やかになります。そして、ほかにも起きることがあります。とても立派で複雑で洗練された内的な構造が形成されるようになるのです。人にもっと多く**手に入れたい**

……もっと洗練されたい、もっと多くの知識を得て、どのように行動すべきか、どのようにあるべきか、どのように振る舞うべきか知りたいと思わせる構造です。そして、そこには、道の上を歩いている人たちにとって**大切なもの**があります。それは単に自由になるというだけではありません。彼らにとっては、自分がそのようであることが重要なのです。そのように見られることが重要なのです。そして、そのようでない人は、どんな人であれ、劣っていると……見られるのです。

つまり、何かスピリチュアルな優越性があるということですか。そして、私が……そういう状態だったと。

道の上にいる時は、いつもそれが起こります。あなたが道の上にいるとすれば、本当であるもののために道の上にいるのではなく、自分自身のために道の上にいるのです。ですから、道の上で起きるどんなことも、あなたによって**手に入れられる**のです。その道を通るのは、洗練されていない「誰か」が、洗練された、スピリチュアルに洗練された「誰か」に変われるようにするためです。

もしあなたが「真なるもの」に興味を持っているのなら、道は全く存在しなくなるでしょう。もし「真なるもの」が、あなたがその「真なるもの」に自分自身を与えられるほど、本当に望んでいるもののすべてであるのなら、内側ですぐに明け渡しが起きるでしょう。あなたが行っているあらゆること、「誰か」であることであなたが自分のために手に入れたものをすべて完全に明け渡した状態です。そして、内側の意識の中でただ安らいでいるという状態が起こります。自分が作り出した課題のために努力することやそのために何かをするのをやめるということは、あなたが意識として最終的に真実である存在のあり方の中に存在するということです。それは、あなたが意識として「家」に帰るということです。

自分自身がその中にいることをあなたが**許せば**、その瞬間にあなたは、その存在のあり方の「真なるもの」を認識し、**知る**ようになります。内側の意識のその開放された状態と穏やかさは、実際には誰もがそのことについて知っている本当の存在のあり方です。そのために必要なものは、それを経験するための意識の**正直さ**です。そしてそのために必要なものは、自分自身がそれに明け渡されるのを本当に経験してみたいと願う**強い気持ち**です。その時あなたは、以前ほど「誰か」ではなくなっているでしょう。その時は、実際には内側ですでに死んでしまっているものをすべて失うということが起こります。

道の上を歩み続けている人は、何かを**失う**ために道の上にいるのではありませんし、自分が本当だと知っているものに何かを明け渡すために道の上にいるのではありません。彼らは何かを**手に入れる**ために道の上にいるのです。道の上にいることで、彼らは結局何かを手に入れようとしているのです。彼らは、道の上にいる代わりに、いかに小さく見えたとしても、自分が意識として実際に本当だと**知っている**ものに完全に自分を明け渡すことができます。

あなたは、それがあなたのために何かをしてくれるからではなく、ただそれが本当であるという理由で、あなたが存在するすべて、あなたの全存在を明け渡すことができるのです。そのような明け渡しでは、あなたがどんな「誰か」であっても、すべてが明け渡されます。そこから何かを手に入れることはありません。実際に**あなた**に与えられるのは、あなたが**本当だと知っている**ものです。技法や努力、規律、集中が用いられる時は、いつも自分自身のためにそれが行われているのです。

そして、思いやりの心を育てるために。

誰のためにですか？　あなたはなぜ思いやりの心を育てようとするのですか？

ほかの人を助けるため……ほかの人とつながるため、ほかの人に対して愛情深くあるために……です。なぜなら、それが私の強い願いだからです。私は、思いやりの心が完全に自己中心的だとは思いません。川の流れがあるように、そして、それが思いやりの海になるように、私はそれを外に向かって流れて行くものだととらえています。それは、単に自分自身に焦点を合わせることではありません。

では、何に焦点を合わせているのですか？

ほかの人たちです……なぜなら、自分がそれを望んでいるからです。

あなたがほかの人を愛することに興味を持ったとたん、あなたは「誰か」になります。より洗練された「誰か」になります。非常に愛情深い「誰か」、非常に親切な「誰か」、思いやりのある優しい「誰か」に。そして、愛情深く親切で思いやりがあって優しい状態にある時はとても気分がいいので、人はすぐにそうなりたいと思うのです。しかし、それは自分自身のために行われているので、いいことではありません。それは、本当にはほかの人にために行われているのではありません。

そこで起きていることは、むしろ愛する何かを持つために誰かを**利用する**のに似ています。なぜなら、愛するものが何もないと、内側に何もなくなるからです。そして空っぽになるからです。ですから、その「愛されている」人は、利用されているのです。そして、その愛は無条件の愛ではありません。

もしあなたの愛している人が、あなたを傷つけること、あなたを破壊することを人生の目的にしていて、しかも死ぬまで絶対にそれをやめないとしたらどうしますか？　その人を愛することをためらいますか？　その時は、単にその人を愛さなければいいのです。そうすれば、すべてうまく行きます。あなたなら、どうしますか？　その人を跳び越えて、別の人のところに行きますか？

ある人が愛情あふれる人で、その愛が**本当**なら、あなたが意識としてその人の内側にどれだけ深く入って行っても問題にはならないでしょう。あなたが境界線を見つけることは決してないでしょう。押される「ボタン」は存在しないのです。その人を困らせることも、口汚くののしることも、利用することもできるでしょう。その人を傷つけるために、その人の内側にできるだけ深く手を伸ばして、まさに何でもできるでしょう。深く手を伸ばせば伸ばすほど、そこにある愛の深さはそれだけ深くなり、ためらったり、失敗したりすることはなくなるでしょう。

しかし、もし誰かが愛情深くあるために自分の意思を使っていたり、努力したりしているのなら、あなたのやるべきことは、ただその人の意思に「触れる」ことだけです。そうすれば、その愛はくるりと背中を向けます。それはもはやそれほど良いものには見えなくなります。それは、不満や怒り、憎しみに変わります。我々は愛する対象として人を利用しますし、相手がそのことを嫌がったり、うれしく思わなかったりする時には、取り乱します。その人を「愛している」ということに相手が協力してくれない時は、幸せを感じなくなります。しかし、相手がそのことに本当に協力的である時は、幸せを感じます。なぜなら、そうすれば自分が本当に「愛情深く」あることを経験していると思い、そう感じられるからです。しかし、内側の深いところは空っぽのままです。

我々が行ってきたその「愛する」という行為が内側の深いところで自分の琴線に触れなかった時、意識として内側の深いところで本当だと**知っている**ものに向けられなかった時は、我々が手に入れた幸せは、どのようなものであれ同じように底の浅い、不満を抱かせるものになります。それは満足を与えてくれるものではありません。なぜなら、それは我々の最も深い部分の存在から生まれたものではないからです。そのような愛は力強くもなければ、本当でもありません。なぜなら、それは、絶対的に純粋に本当である最も深い部分の存在のあり方から生まれた自然な表現の流れではないからです。そのためそれは、我々に絶えず愛することを**必要**とさせ、内側で実際には全く必要がないと知っている、むしろ不完全と言えるような愛を絶えず**渇望**させるようになります。

あなたが本当に力強い愛、真実である愛に自分を委ねられる唯一の方法は、まず、愛する能力を失うことや愛**される**能力を失うことについて、あなたが無条件で心から大丈夫と言えるかどうかです。たとえそれらを奪い去られ、はぎ取られ、それらが永遠になくなって、再び手に入れることができなくなったとしても、そうした愛のない状態、愛されない人間になることについて心から大丈夫と言えるかどうか、その状態が変わる必要が全くないことについて大丈夫と言えるかどうかです。それが愛です。

愛を求めることに依存した状態である限り、我々が与えているどんな愛も、自分が作り出しているものです。なぜなら、それがなければ、生きていけないからです。それを持っていなければ、そのような人間でなければ、自分自身を受け入れられないからです。つまり、人を「愛する」という我々の行為は、我々が身につけている衣なのです。そして、我々は一番いい衣を身につけようとするのです。道の上を歩くというのは、常により多くを探し求めることです。見つけたものはどんなものでも貯め込むのです、そうすれば自分がもっと大きくなれるからです。実際に何かを持っている「誰か」になれるのです。

　自分が本当だと知っているものの中に生きている時、意識の最も深い部分から生まれる存在のあり方の中に生きている時は、より多くを得ようとは決してしません。その時に起きることは、どんどん、どんどん少なくなることに心から満足するようになるということです。意識として、自分の内側で、より多くを探し求めることは決してしなくなります。少なくなることに、絶えず心を奪われるようになります。そして、存在として、意識として、心として……より少なくなればなるほど、自分のあり方がそれだけ純度の高いものになるのです。

　自分のあり方がもはや意思や精神、感情で一杯の状態でなくなった時、そしてもはや実践すべき課題がなくなった時、そこに残るのはただ、「真なるもの」あるいは存在という形のない実在《リアリティ》が、意識としてのあなたの内側で、あらゆる方法で自分を表現するための開かれた空間と場所だけです。その存在のあり方にひたすらすべてを差し出したいと願えば願うほど、その存在のあり方はそれだけ多くあなたの空間を占有するようになります。そこに道はありません。

なぜなら、あなたは**自分が**望むものや必要とするものを手放しているからです。そこにあるのはただ、あなたが正直な心で本当だと知っているものに対する開かれた状態、穏やかさ、明け渡しだけです。それがもたらしてくれるもの、あるいはもたらしてくれないものが何であるにせよ、あなたは深い満足感を覚えるでしょう。そこに道が存在することは**できません**。あなたは、道のない状態で、ただ真実である存在のあり方を生きるようになるのです。

道の上にいる人で、何も**持っておらず**、より少ないことに満足するような「取るに足らない人」は一人もいません。道の上にいるということは、我々が本当だと知っているものから**遠く離れた**道の上にいるということです。それは、より多くを得る方向に向かう道の上にいるということです。欲しいと思っているもの、そうしたい、その方がいいと思っているもの、必要としているものをもっと多く手に入れる方向に向かう道の上にいるということです。ですから、一生懸命努力し、本を読み、コースを取り、内側では**本当には**忠誠心を持っていない規律に自らを巻き込むのです。一度も瞑想しなくても、自分が望んでいるものを手に入れられるとしたら、再び瞑想することは決してないでしょう……。

どうでしょうか、そこには成長する何かがあると思います。瞑想によって人は観察者になります。それは、ある意味でもっと自分に焦点を合わせることです。

観察者というのは、どちらかといえば洗練された、経験を積んだ「誰か」です。観察者は、自分が本当に真実だと知っているものに自らを明け渡したりはしません。なぜなら、その人が本当だと知っているものの中では、観察者は姿を消してしまうからです。そして、その時そこにはもはや観察者はいなくなるからです。観察者は自分自身を安全な状態に保っているのです。

どのようにして観察者を手放すのですか？

正直な心で本当だと知っているものに自らを明け渡すことによってです。あなたが意識として正直さを招き入れれば、すぐにすべてが見え始めます——あなたがしがみついているものすべて、あなたが望んでいるものすべてが。自分が望んでいるものが何であるのかを理解すれば、その瞬間に自分がそれを必要としていないことが分かります。それを手放すことに対して、内側で明け渡した状態が訪れます。明け渡すものの一つが、観察者であることです。

そこに残るのは、自分が本当だと知っているものと一つになった自分です。あなたはそれに**なる**のです。そして、観察者であることを含め、あなたが慣れ親しんでいる**あなた**はどこかに行ってしまいます。あなたが慣れ親しんでいる**あなた**は消えてしまいます。それらはすべてなくなります。自分にしがみつくことはなくなります。自分自身のために生きることはなくなります。幸せのために生きること、平和や愛や喜びのために生きることはなくなります。あなたは、あなたが本当だと知っているもののために生きるようになります。自分のためになることがあるからではなく、ただそれが本当のことだからそうするのです。そしてその時は、自分が本当だと知っているものを愛し、それに自分を明け渡すことによって苦しみが生じるかどうかとか、得になるものがあるかどうかはもはや重要ではなくなります。

あなたの前に一方に幸福だと思われている道が現れ、もう一方に不幸だと思われている道が現れ、どちらか一つの道にしか進めないとしたら、あなたは決して一つの道の方が別の道よりいいという理由で選ぶことはないでしょう。二つの道のうちでどちらか一方を選ぶ時がきたら、あなたはただ、内側で、自分が本当だと知っているものの中に自分を開放し、その中で穏やかになり、安らぎ、その知っているものに自分をどちらか一方の道に連れて行ってもらうだけです。そこには好みは存在しません。あなたはただ、どちらが**一番**本当であるかに関心を持つだけです。

両方とも本当だけど、一生不幸に終わると思われる方向に進む方がほんの少しだけ本当のものに近く、幸福の道ではすべてがうまく行くが、こちらの道ではすべてがうまく行かないと分かっているとしたら、あなたは、躊躇せず、本当だと知っているものに自分を明け渡しますか？

幸福だと思われる道を選んだのはいいが、一年一年また一年と、不幸の道を進む方がほんの少しだけ本当のものに近いという少し奇妙な「感覚」があったとしたら、そしてその時にもしあなたが本当であるものを**本当に**望んでいたとしたら、あなたは引き返すでしょう。不幸だと思われる道を進むでしょう。そこでもしあなたが幸福の道にとどまるとしたら、あなたはいつも、自分がなぜその道の上にいるのかを合理的に考え、正当化しながら、その道を進むでしょう。その道はすべて**あなた**のためにあるのだ、ということになるでしょう。でも、もし引き返すことが、あなたが本当だと知っているもののためだとしたら、あなたは躊躇せず、方向転換するでしょう。それが「真なるもの」だと分かっているというだけで、あなたは不幸だと思われる道を進むことに心を奪われるでしょう。

正しいこと、正しいとあなたが思っていることをやっているとしても、それが**あなた**のためである時は、そこで起きることはただ、あなたが自己本位になるということだけです。しかも、その状態を自分の中から追い払うことはできません。あなたが内側で変化させること、あるいは修正することはどれも、**あなた**のためにそれをしている時は、ただその自己本位さをより一層純度の高いもの、より精巧なものにし――より洗練されたものにするだけです。それがもっとよく**見える**ことさえあるでしょう。

しかし、あなたがそのことを自覚すればすぐに、あなたはそれをすべて差し出し、それをすべて手放すことができます。**あなた**のためではなく、あなたが正直な心で本当だと知っているごく小さなもののために。あなたは、自分が本当だと知っているその小さなものが**本当に**真実であるということを理解するようになります。それは、**あなた**のすべてを合わせたものより、**あなた**の人生よりもっと価値のあるものです。それは、**あなた**の感情や**あなた**の思考よりもっと価値のあるものです。そしてあなたがその理解を**自覚する**ことを自分自身に許したとたん、あなたはそのために生きられるようになります。

その時、あなたはもはや道の上にはいません。その時、あなたは自分が実際に本当だと知っている最も小さなものの中に真っ逆さまに落ちて行っているのです。その時は、意識として、あなたの中にもはやためらいはありません、後ろを振り向くこともありません。あなたはただ、自分が本当に真実だと知っているものに温かくこの上なく心を奪われているだけです。そして、それが**あなた**のために行われることは決してありません。

そのような明け渡しが存在する時、そしてその結果、愛が生まれる時は、**あなた**はその中にいないでしょう。誰かに対する愛がある時、それは、自分が愛する時は気分がいいという思いによって条件付けられることがないような愛です。その時は、自分が誰かを愛した時は相手が自分のために道を譲ってくれるという思い、つまり、相手から自分の望むものを手に入れる能力が本当に高まったという思いによって、その愛が条件付けられることはなくなります。

そのような明け渡しが**あなた**のために行われる時は、自分が愛した時はそれが最も強力なコントロールの方法になるという思いが内側にあります。それはとても早く自覚されます。そして、そのための知恵を働かせるという素晴らしい才能が働きます。小さな子どもでさえ、それを自覚したとたんにそれをやり始めます。我々は、年を重ねると、どのようにしてそれを隠すかを学びます。どのようにすればうまく行くかを学びます。我々はごまかす達人なのです。我々は、自分のやっていることを誰かに見られることに平気でいられないのです。なぜなら、そんなことをすれば、自分の正体が暴かれてしまうからです。こんなに愛情があって素敵で親切で優しくて寛大で思いやりのある人である代わりに、ろくでなしであることが暴かれて、もはや信頼されなくなるからです。我々は、信頼されないことに耐えられないのです、そのように見られることに耐えられないのです。

つまり、子どもの時は、「真なるもの」に関するこのような理解を持っているけれど、やがてそれがうまく操られて、覆い隠されるということですか……。

内側の理解は、**我々**が手に入れたいと思っているものを邪魔します。**自分**が手に入れたいものを何かが邪魔したとたん、我々はそれに蓋をします。もし自分が本当だと知っているものに自分を明け渡すことが、自分の人生よりも、あるいは**自分**がこれまでずっと手に入れたいと思っていたほかのどんなことよりも価値があるという理由で、自分が本当だと知っているものに自分を明け渡すことが我々の望んでいることであれば、その時は、自分が本当だと知っているものに蓋をする代わりに、このような素晴らしい感覚が存在するようになるでしょう。その時我々は、**自分の**人生よりも「真なるもの」を愛しているために、たとえ**自分の**全人生を費やしたとしても、自分が見つけるべきもの、自分が本当だと知っているものの最も小さな部分に自分を明け渡すようになるでしょう。ですから、迷いは全くなくなります。その時は、「真なるもの」が覆い隠される代わりに、「真なるもの」が明らかになるでしょう。

道の上を歩くということは、**自分**が望むものに本当に合った、それに役立つような「真実」を探し求めるということです。それは、自分が**望む**もののためにだけ働くのです。ですから、道の上にいる人は、あからさまに「自分が手に入れたいものは自分が欲しいものだけだ」という乱暴でがさつなタイプの人よりも、一緒にいるのが安全ではありません。このようなタイプの人は、ただあるがままにいるだけです。隠し立てがありません。すべてが単純で率直です。

道の上にいる人と一緒にいると、すべてが隠されます。その人がどのように見られたいかということだけが、前面に出てきます。しかし、そうしたものすべての背後には、習得され熟練された認識の仕方や見方があります。その人が生きている目的はただ、まさに自分が望むものを手に入れることだけで、それがその人の本当にやっていることだということが誰にも分からないのです。スピリチュアルな道にいる人は、一緒にいるのが安全ではありません。その人は、自分自身や他人、そして「真なるもの」をうまく利用することに慣れていて上手です。スピリチュアルな道の上にいる人は、愛や「真なるもの」に自分を委ねることができないのです。

でも、まっさかさまに落ちて行く状態になるのは、怖いもの知らずでないとできないと思います。

ただ正直になることです。怖いもの知らずでいられるのは、意識が正直でいる時だけです。恐れが存在するのは、不正直な時だけです。意識が不正直な時は、その意識が本当だと知っているものから目をそらしているのです。本当ではないと知っている何か別のものを作り出しているのです。意識がその中に身を隠していて、その幻想の中で着飾っているのです。そして、もっと深いところで、意識としての自分が生きているその場所を何かが脅かしているという理解があるために、恐れが存在するのです。

そうした意識あるいは心は、こんなふうに考えます。「もし自分がそれを守らなければ、自分は緊張を緩め始める。自分が本当に緊張を緩め始め、内側で大丈夫だと思い始めたら、自分は自分が本当だと知っているものが何なのかを理解し始める。そして、自分が今**その中にいるもの**が**幻想**であることを理解するようになる。最後にはその幻想を投げ出すだろう、そして自分が本当だと知っているものに自分を明け渡し、自分が何を失ったのかを知るようになるだろう」と。恐れがある時は、その恐れが、我々がしがみついている、自分自身でない何かをひたすら覆い隠しているのです。そして、我々はそれを見たくないと思っているのです。

正直さがある時は、我々ははっきりと理解し始めます。内側にあるものが何なのか、自分がしがみついているものが何なのか、自分が覆い隠しているものが何なのかを理解し始めます。そしてその時、そこには開放された状態があります、穏やかさがあります、明け渡しがあります。そして、それが起きる時は、恐れが「真なるもの」への愛――自分の最も深いところからやってくるものへの愛――に取って代わります。そして、もしそれが自分が最も心を寄せているものなら、その時は自分が心を寄せているものの中にまっさかさまに落ちて行くのは簡単です。恐れはありません、そのことに対する不安はありません。なぜなら、ただ自分が最も心を寄せているものと一つになるだけだからです。

実在《リアリティ》と一つになるということは、ただ自分が正直に本当であると知っているものに恋焦がれる状態になるということです。我々は、それが素晴らしいものであること、それが何物にも代え難いものであること、それが**自分自身**より価値があることさえ知っています。実在《リアリティ》の中には、かつて一度でも恐れに触れることができたものは何もありません。ですから我々は、嘘のない完全で絶対的な最大限の正直さの中にあって初めて、何が本当であるのかを理解し、それに自らを委ねられるように、自分自身に本当にそれを理解させるようになるのです。そのような正直さがあれば、恐れは決して存在しません。我々は勇敢である必要はありません、強くある必要はありません……ただ正直であればいいのです。

恐れの中で生きている間は、恐れが存在する間は、そのことが自分がどういう状態にいるのかをはっきりと見せてくれます。恐れがある間は、意識が、本当だと知っているものに対して正直になっていないということです。恐れとは単に、自ら進んで不正直でいる意識にすぎません。

私たちの社会全体が不正直で、恐れに基づいています。

全くその通りです。誰もがそのことを知っています。人はほかの人を見て、彼らの本当の姿を見破ることはできますが、自分自身の本当の姿を見破ることはできません。人は、自分自身に自分自身を本当に理解させることは滅多にありませんし、その理解の中で自分自身を明らかにさせることも滅多にありません。本当に理解することへの恐れ、自分が内側でしがみついているものをさらけ出すことへの恐れが、自分が実際に本当だと**知っている**実在《リアリティ》を明らかにしないようにさせているのです。それが人に、自分の内側にある幻想を守るために、望みもしない不自然なかたちで力を発揮させるようにしているのです。そして、それが**暴力**です。それはすべて、不正直さに根差した単なる意識の歪みにすぎません。人はこんなふうに考えます。「私はあなたの中の何が悪いのか分かりますし、それが正しくないことを知っています。私は、自分の中の正しくないところは変えたくありません。何か犠牲を払うことになるからです。でも、あなたの悪いところは変えるようにします」と。そうして人は、不正直な目標、汚れた不自然な、恐れに基づく自己中心的な目標を持つのです。

課題を持っている人は、誰でも自己中心的な強い感情を持っています。その人は、自分が本当だと知っているもの**から離れた**ところで、自己本位の道の上にいるのです。その課題は、その人が内側でしっかりと焦点を定めた状態でいるのを手伝うために、そこにあるのです――とても忙しいので、自分が本当だと知っているものを理解したり、自分を明け渡したりする必要がなくなってしまうのです。代わりにその人は、何か自己本位なことに**取り組み**始めます。課題を持っている人は、誰でも暴力性を表します。ただその課題を持ち出しさえすればいいのです、そうすれば、攻撃性が跳ね返ってきます。粗野な態度が現れます、冷やかな態度が現れます――たとえその課題が、我々は誰もがお互いを愛さなければならない、というものだったとしても。例えば、誰かが近づいてきて、人は誰でもお互いを愛さなければならないという課題を持ったその「愛情あふれた」人に、「私たちはただ自分自身のために生きることを選びます」、「ほかの人は誰も大切にしません」、そして、「できることなら、自分が欲しいものを手に入れるために、その"愛情あふれた"人を**利用**します」と言ったとしましょう。するとあなたは、その「愛情あふれた」人の中で何が起きるか見ることになるでしょう。その「愛情あふれた」人は、それほど愛情あふれた状態ではなくなります。判断が生まれます。そして、激しい反応、非難が現れます。もしその「愛情あふれた」人が力を持っていたら、その人は相手を無理やり変えようとするでしょう。その「愛情あふれた」人は、自分自身の個人的な課題に基づいて、そうあるべきだと思うあり方に、相手を変えようとするでしょう。

課題を持っている人たちに権限を委ねることはできません。課題を持っている人は、自分自身のために何かを欲しがっています。もし課題を持っている人たちが力を持っていたら、彼らは相手を無理やり変えるために、自分の個人的な課題を妨げるどんなものも阻止するために、その力を使うでしょう。人は、自分の思いを押し進めるために力を使います。ですから、彼らは結局、不調和、反感、激しい反応を持つことになるのです。そして、それが戦争です。たとえ人々が平和のために集まっているとしても、それは戦争です。

　宇宙から無条件に愛されたいと願っている人たちは危険です。もし彼らが力を持っていたら、彼らは宇宙からその愛を奪い取るでしょう。彼らは宇宙に対してこう言うでしょう。「私はあらゆる無条件の愛を受け入れる用意ができています」と。そして、もし宇宙がその愛を与えなかったら、彼らは自分の力を使って、多少なりともそれを働きかけるようになるでしょう。それが道の上にいるということです。何かについて課題を持つ必要のある人だけがいつも道の上にいるのです。そして、道の上にいる人は暴力的です。なぜなら、彼らには、ひたすら**自分のために**——自分の個人的な課題のために——、考えられないほど懸命に手に入れようとするものがあるからです。もしそれを得るための力を持っていたら、それを使うでしょう。

　本当であるあり方の中にいる人は、何に対しても課題を持ちません。平和についての課題は存在しません。内側の平安についての課題は存在しません。望むことは何もないのです。「ほんの少し平安があればいいのに」とか、「もっと愛情あふれる人になりたい」とか、「自分は宇宙から無条件に愛されるはずだ」とかいった課題は存在しないのです。そうした課題は一切存在しません。

　どんなものでも委ねことができるのは、内側で何も望まず、何も必要としない人だけです。なぜなら、彼らは、自分が受け取ったものを望みや必要性のために使うことが決してないからです。もし彼らが力や愛、美徳、優しさ、あるいは啓示を受け取ったとしたら、内側で少しでも何かを受け取ったとしたら、自分自身のためにそれに触れることさえしないでしょう。それを「いい気分になる」ために使うことは決してないでしょう。自分自身のために何かを明らかにするために、それを使うことは決してないでしょう。彼らはただ、本当だと知っているものの中にとどまるでしょうが、自分のためにそうすることは何一つないでしょう。

　しかし彼らは、自分自身とは比べものにならないほど大きな価値のあるものでいっぱいになります。しかも、彼らはその価値あるものを利用して、それで自分自身を美しく飾ることは決してしません。ただ金庫番になるだけです。ただそれをそこにとどめておくことに自分の存在のすべてを振り向けます。なぜなら、それは彼らに**預けられて**いるからです。彼らは決してそれに触れたり、それを利用したりしません。**預けられて**自分の中にあるものに思いを寄せながら生きるでしょう。

　内側で本当に何も望まず、何も必要としない人は、自分が内側で本当だと知っているもの——理解や明晰さ——が、善、優しさ、力あるいは愛といった特定の方法で反応するようにその人を動かさない限り、預けられて受け取ったものを使うことはありません。そのように動かされた時は、その人のすべてが、その人の内側で明らかにされているものに「触れ」、それを受け入れ、それを本当であるやり方で使うでしょう。そして、そうした接触、受け入れ、流れの中にいても、その人はそれでも自分自身のためには何も手にしないでしょう。そのような人だけが、本当に信頼できる人、本当に無条件で愛することができる人です。そのような人だけが、無条件で愛される人、自分自身のためにそれを**手にしない**人……**それを欲しがらない**人です。

このように、唯一の本当のあり方は、愛情あふれるようになることでも、平和を求めることでもありません。見つめることでも、探すことでもありません。唯一の本当のあり方は、正直さに心を開かせ、そして最後に、自分が本当だと知っているものが何であるのかを自分自身に理解させることです。それは、自分の**存在**のすべてを明け渡し、我々が本当であり、**本当の**価値があると知っている最も小さなものを喜ばせ、そのために働き、そのために存在するということです。それが本当に愛情あふれる人になるということです。

それに自分自身を明け渡した時、自分自身のために何かを手にすることは決してありません。我々は、ただその小さなものがそれ自身の表現を実現できるように、絶えず自分の存在のすべてを明け渡し、それをすべて手放します。**その小さなもの**は、ただそれ自身の中に**存在**し、それ自身を表現するために、**我々の**空間を占有するようになります。そして、たとえそのように生きることが、死ぬ時まで絶え間ない不幸や苦しみ、痛みの中に我々を連れて行くとしても、そのことが、計り知れない価値があると我々が**知っている**もののために働くのに必要なものであるなら、それは我々の最高の栄誉となるでしょう。意識として、我々は自分が本当に愛しているもの、正直に知っているものに自分を明け渡す**ようになります**——どんなことをしても。それが、**本当の**幸福が実現したということです。

では、死ぬ時はどうなるのですか。意識には何が起きるのですか。

肉体的に死ぬ時は、意識が実在《リアリティ》に目覚めます。自分が望んでいたもの、必要としていたもの、「持たなければならない」と必死につかまえていたものという意味で、人生の内側であなたが生きてきたものすべてに目覚めます。死ぬ時は、自分が暴力的になることを学んできたと分かるような意識になりますが、あなたがこれまでつかまえてきた**もの**、望んできた**もの**、必要としてきた**もの**はすべてなくなってしまいます。幻想が終わるのです。自分を守ろうとして自分自身に嘘をついたあらゆる瞬間、あなたの最も大切な愛――存在に対する愛や本当であるものに対する愛――にあなたを連れ戻そうとしていた存在の、最高に素晴らしい「接触」から目を背けてきたあらゆる瞬間をすべて完全に理解するために、柔らかな痛みに温かく突き刺されます。

あとに残るのは、あなたが否定し、押し込め、虐げ、踏みつけてきた、あなたの最も深い部分にずっと存在していたものだけです。それは、ずっとそこに存在していて、あなたを実際に脅かしていた唯一のものです。それは、あなたが恐れ、不安がっていた唯一のものです。なぜなら、それを招き入れると、自分が望んでいるものをすべて失ってしまうことが分かっていたからです。そうなれば、あなたは、必要としていると自分が思っていたものをすべてあきらめてしまったでしょう。どんどん、どんどん少なくなる状態に無条件で心から満足するようになっていたでしょう。道の上にいる人は、死ぬ時にショックを受けることになります。彼らの意識は、ショックを受けることになります。

あなたが今「死ぬ」としたら、残りの人生は、**あなた**の代わりに「真なるもの」があなたの中で生きるようになります。そうすれば、あなたは、自分が望んでいる、必要としている、要求しているものすべて、そのことに関して課題を持っているものすべてに対して「死ぬ」ことができます、それらに執着しなくなります。あらゆる課題を自分の中で死なせることができる**ようになります**。それらをすべて解き放つ**ようになります**。そして、あなたに残された生きるための唯一の人生は、自分が正直に本当だと知っているものと一つになる人生です。そうすれば、肉体的に死ぬ時に、そのあとに続くあらゆるショックについて、意識の中で痛みを伴う変化は起きなくなります。

欲しがることに関しては、非常に厄介なことがあります。正しい方法で死ぬ準備をするということについて話し始めると、ますます微妙な問題になってくるように思えます。ちょっとエジプト的な感じです。

それは、死ぬ**準備をする**ということではありません。欲しがることや必要とすることは、**この瞬間に**終えることができますし、それを長引かせたり、先送りしたりする代わりに、今、それらを簡単に死な**せる**ことができます。「私は明日手放します。今日は本当ではないと知っているものが自分の中に入れるのを認めます――あとで、明日それを死なせます……今は、自分が望むもののために自分のやり方で生きたいのです」。古代のエジプト人も、将来に備えて死ぬ準備をする時は、基本的に同じことをしていました。それは、自分が本当だと知っているもののためではなく、自分自身のために行われていたのです。

意識の中で**本当の**死が訪れたら、欲しがることはもはやなくなります、意識の完全な正直さと完全な明け渡ししかありません――それだけです！　道も、試みることも、努力することも、明日もありません。**その時**はただ、その正直さと明け渡しがあるだけです。ほかには何もありません。それ以外のものはすべて、暴力的な否定と同じことです。

あなたの暴力を無理やり押し付けるのも、ほとんど暴力です。

それは、あなたが暴力的であることに**課題**を持っているからです。あなたは「自分自身に厳しくある」ことをもう一つの課題にしているため、あなたは今、**本当の**自分にとって危険人物になっています。自分の暴力を無理やり押し付けようとすることは、自分勝手な目的のための単なるもう一つの道、もう一つの行為、「すること」にすぎません。**あなた**の役に立つものを手に入れるために使われる道、構造、努力、技法、規律はすべて、**実在**《リアリティ》を避けるための単なるもう一つのやり方にすぎません。それは、自己中心的な望み、必要性でしかありません――形となって現れている意識の内面的な不正直さです。それは、内側の静けさと安らぎが欠けていることの外面的な表現です……**本当ではない存在のあり方**の現れです。

それは宗教についても同じです。もしあなたが、宗教的でなくてはならないということに課題を持っているとしたら、あなたは欲しがり、必要とし、努力し、精を出しているのです……**あなた自身のために**。内側でただ自分自身が完全に正直になることを**認めれ**ば本当は全く必要がないと分かっているものを得ようとしているのです。**自分**のために何かを手に入れるために神を利用し、**「真なるもの」**を利用することは、不正直さの単なるもう一つの形にすぎません。それは、本当の存在のあり方の中でくつろぐこと、**「真なるもの」**の中でくつろぐことを避けているにすぎません。代わりに、**何か一つの真実**、あなた**自身の真実**を求めて懸命に努力しているのです。

本当であるあり方というのは、今それが本当だと**分かっている**ものにただ単純にすぐにそして完全に身を任せ、そのために生きるということです……なぜなら、それが価値のあること、本当のことだからです。

それだと、そのことについて考えてさえいないということなので、何の価値もないのではありませんか?

あなたの人生の中に何か価値のあるものなどありません。何か価値あるものがあるとすれば、それは偽りのない正直な心が本当だと**知っている**ものだけです。そして、その正直さはそのために生き、そのために死にます。それが正直さにとってすべてです。それはただ一方向の流れです。**あなた**が存在しているのは、すべてあなたが**本当だと知っている**もののためです。あなたは最後には、自分の権利をすべて放棄するようになります。愛する権利、幸せになる権利、痛みを和らげる権利、平和になる権利。最後には、**自分の通行権**を放棄するようになります。そして、あとに残るのは、再び何らかの通行権を持つようになるのは、あなたが本当だと**知っている**最も小さなものだけです。**それ**が通行権を持つようになるのです。あなたは、自分の中のあらゆるところで、**自分の**人生のあらゆるところで、それが通行権を持っていると知ることに、そして**それ**が自分の中のどんなものにも触れることができると分かることに心を奪われます。その時**あなた**がやることはただ、それに応えることに思いを寄せることだけです。

思っていたほど難しくはないですね。

これほど簡単なことはありません。思っているより簡単です。それは単に、あなたが本当だと知っているあり方の中に住むということです。それは「家」です。それは、あなたが自分だと思うようになった**あなた**が自分の意志を使って、どの方向へ行くにもちょっとした努力まで払っているという状態よりは簡単です。その状態では、意識が意志を使って、本当はする必要がないと分かっていることをしなければならないため、それよりは簡単です。それどころか意志は、最も深いところにある本当の意識がそれ自身の中に入り、それ自身を表現できるように、身を任せた状態のままでいられます。精神、感情、意志、直感、肉体はすべて、最も深いところにある**本当の**意識がその中を通して流れるための表現の乗り物として、身を任せた状態のままでいられます。そうすれば、最も深いところにある本当の意識は、最後には表現するのが本当だと知っているものを表現するようになります。

それが**本当の**表現です。つまり、あなたが自分自身を与えるために生き、死ぬもの、あなたが**本当だと知っている**ものの流れです。それが「真なるもの」、つまり、**本当の**あなたの中を通り、意識の最も外側の部分へと動き、意志、感情、精神、肉体、直感の中に入り、本当に真実であるあらゆるものを表現する、最も深いところにある意識です。そして、それを本当である**方法**で表現するのです。

それが、この人生が存在している目的です。それが、表層の肉体が存在している意味です。表層の肉体は、**あなた**が望むものや**あなた**が必要とするものを表現するために使われる時は死に始めます。しかし**実在**《リアリティ》の中では、その表層の肉体は、「真なるもの」を表現するための乗り物として、本当に、本当に**生きる**ようになります。内側で静かになり、穏やかになった時、あなたは本当に**分かる**ようになります。

対話2　スピリチュアルであること

1998年12月3日、米国、ボールダーにて

「スピリチュアルワーク」を行うということは、
基本的に物事を今あるがままに
受け入れていない
ということです。

あなたの内側に
変えるべきものは何もありません。
やるべきこと、
あなたが実際に必要としていることは
内側には何もありません。

望んでいる、あるいは必要としている
と、あなたが思っているものはどれも、
あなたが望んでいるものでも、
必要としているものでもありません。

スピリチュアルであることを
何かと勘違いすることは、
内側の努力がすべてである
と、勘違いすることです

それはすべてを悪化させます。
それはあなたを正直さから、
明け渡しから遠ざけます。

スピリチュアルワークは、
個人的で内的な成果

という形へと
注意をそらすことです。

そして、内側で
正直になった瞬間、
あなたはそれを見抜くようになるでしょう。

――本章は、1998年12月3日に米国のボールダーで行われたジョンと聴衆との対話から抜粋したものです。

質問者：直感とは何ですか、そしてそれはどこから来るのですか？

ジョン：直感は、意識の一番外側にある表現の供給源、媒体です。あなたの直感は、あなたの最も深いところにある存在ではありません。それは、単なる道具、表層の乗り物にすぎません。あなたは、その表現が生まれる源を手に入れるために、表現の乗り物を使うことはできません。あなたの一番外側にある何かにしがみついたり、それを使ったりすることで、最も深いところにあるものにアクセスすることはできないのです。しかし、あなたがそれを**許せば**、最も深いところにあるものは、一番外側にあるどんなものを通しても、自由に流れることができます。

それは供給源ですね……それはどこから来るのですか？

直感は、あなたの精神《マインド》、あなたの感情、あなたの意志、あなたの物理的な肉体と同じ場所からやって来ます。それらはすべて表層の乗り物であり、最も深いところにあるものがその姿を見せる場所を持つための、形のある通路、手段です。最も深いところにあるものが**それ自身**と**存在としてのあなた**を表現し、表すための形のある通路です。最も深いところにあるものは、あなたの精神、感情、肉体、直感、意志という表層の乗り物の中へと上昇することができますが、それが表現するものはすべて、こうした表現の通路を通して、内側の**最も深いところ**から生じるものです。**本当の**内側、あなたの最も深い部分の内側にあるものを表現する本当の人間として存在するということは、完全に真実で、すでに完全である存在の状態を表現するということです。

表層の乗り物は、本当の表現をするための素晴らしい手段です。最も深いところにあるものが、ぴったりとフィットするもの、つまり形を持った時、それはこの世界に入り、この世界で動き、**行動する**ことができます。あなたの表層の肉体とあなたの人生は、あなたの最も深いところにある本質のために存在しているのです……しかし、あなたはそれらを自分自身のために使うことに慣れています。

直感は、精神的でない方法で、また感情的でない方法で情報を拾い上げる能力です。エネルギー的に直接、情報を拾い上げる能力です。正直さは、直感の中を動き、エネルギー的に直接情報を拾い上げることができますが、意識の不正直さも直感の中を動き、エネルギー的に直接情報を拾い上げることができます。あなたの現在の**存在のあり方**がどのようなものであれ、それが今、直感の内側に存在しているものです。ですから、直感は、信頼できるものではありません。精神、感情、意志も、信頼できるものではありません。唯一、本当に信頼できるのは、意識の本当の正直さだけです。ほかには何もありません。

自我、つまり自己中心的な存在のあり方が直感の内側に存在していれば、自我は直感に頼ることがどうしても必要になります。自我は、それ自身にとって都合の良いものをエネルギー的に操作し、確かめることができます。自我は、危険な兆候――それ自身にとって不都合なこと――もエネルギー的に拾い上げることができます。自我は、不都合なことを拾い上げたとたん、すぐに自分自身の守りを固め、保護し、防衛態勢に入ります。逆に、自我が直感を通じて外側に弱さがあると感じた時、つまり、状況あるいはほかの人の中で出会った弱さより、自分自身のエネルギーの方が強いと感じた時は、自我は防衛態勢を解除して、攻撃的な態勢になります。何かを**手に入れる**ために動きます。そしてその時、自我に恐れはありません。

直感がなければ、自我はどのように動くか分からなくなります。精神や感情、意識といった道具がなければ、自我は動くことができません。しかし、**あなた**は、自我がなくても、表層の乗り物が何一つない状態でどのように動くか知っています。このような動きが正直さです。つまり、何かを**本当に**ありのままに見たり、はっきりと理解したりすることを自らに許す意識のことです。そうあってくれる方がいい、そうあってほしい、そうあってもらわないと困るというふうに自分自身に何かを見させるのは、単なる意識の不正直さです。それは、条件付きで何かを見るということです。それは選別的な見方であり、計算された見方です。

意識の不正直さがある時は、実在《リアリティ》を見るための意識の能力が半分閉じた、歪んだ状態になります。集中や規律を通してそれを開くことはできますが、それによって見るための能力が歪められ、意識それ自体がさらに歪められます。その能力を本当に広げ、それを回復させるのは正直さです。条件や課題なしに、信仰や願望、必要性といった構造なしに、**本当に**存在するものが何なのかを見ることを自らに許す意識です。

私は、静寂を経験したあとでまた心がぐらついて自我に戻るという経験をしてきましたが、それはまるで戦いのように思えます。私が混乱しているのは、自分が内側で本当に知っているということが分かっているのに、なぜ怒り（や）愛されていないという感情に迷い込んでしまうのかということです。

こうした感情に迷い込むのは、あなたの中で、**知っている**のと同じほどには**明け渡し**が起きていない時に起こります。そこでうまく働いてくれるのが、完全な正直さです。それがあれば、何が本当であるのかを知ることができます。それと同じだけ一致していなければならないのが、完全な明け渡しです。一切ためらいのない明け渡しです。あなたが実際に本当だと**知っている**ものに対して即座に起きる全面的で完全で親密な反応です。それによってあなたは、自分自身を「真なるもの」から切り離したままにしておく代わりに、意識として「真なるもの」と一つになることができます。あなたが自分自身を切り離したままにしておくのは、ひとえに、「真なるもの」と一つになれば、自分がしがみついているもの、自分が手に入れたものをすべて失くしてしまうことを知っているからです。「しがみつく」ことによって本来あるべきでない不合理な方法で一つになっているものをすべて失くしてしまうからです。

ガンジス川のそばに……10年間……座るのと同じくらい厳しいですね。でもやはり、それは努力したり、教えを受けたりする精神的プロセスや規律のような気がします。

それが、そうしたことがうまく行かない理由です。あなたは、存在として行動するために、自分の精神や感情、自分の直感や意志を**使う**ことはできません。あなたが何かの補助器具を使っているとしたら、行動するようになるのはその補助器具です。どんなものであれ、意識が支えや道具を使っているとしたら、意識は、本当の自分自身になる代わりに、その道具になってしまいます。そして意識は、それが本当に本当だと知っているものの中に純粋に正直に自分の力で入るのをやめてしまいます。存在の自由を失ってしまいます。

意識が、自らがしがみついているものを手放せば、存在として行動するために道具を使うことを手放せば、その時は本当の意識の動きが**起こります**。その動きは、その中で全く意志を使うことのない、自然な汚れのない意識の流れです。そこには努力は全く存在しません、ただ存在の明晰さと均一な広がりがあるだけです。

正直さが存在しない時や、意識が本当だと知っているものに対する明け渡しが存在しない時に、あなたが意識として自分の精神的、意志的、直感的あるいは感情的な乗り物の中で行動しているとすれば、それは、あなたがコントロールを望んでいるために、**本当のあなた**が必要としていないものを望んでいるために、そうしているのです。それは、意識が、自ら作り出した課題のための動きを作り出すために制限を加えているのです。意識が動きを作り出すために表層の乗り物を通して制限を加える唯一の理由は、何かを制限し、何かを閉じ込め、限定し、コントロールするためです。しかし意識は、最後には身動きが取れなくなります。制限したいと望むことで、意識は制限によって見動きが取れなくなってしまうのです。制限されないようにするために、純粋な存在の制限されていない本当の状態に「帰る」ために、そうした制限という性質を利用すればするほど、意識はそれだけ深くその制限の中にはまり込んでしまいます。

意識が、制限されていることを今できるあらゆる方法で無条件に受け入れ、制限され、閉じ込められ、身動きが取れない状態がいつか変化することを求めたりせず、その状態を受け入れることに完全に自分を解き放てば、その瞬間に意識は**簡単に**制限のない状態になります。その時は意識が純粋に心から大丈夫と言える**状態**で制限**の中に**存在しているので、制限はもはや制限でなくなります。そのような受け入れ、**「大丈夫」**の深さの中では、**制限は全く存在しなく**

なります。

その時は、意識の内側に制限が存在する代わりに、それが意識の内側で完全な「大丈夫」に取って代わられます。あとに残るのは、意識の回りの表層の乗り物の中で**認識された**制限だけです。そして、その制限をすべてただありのままに無条件で受け入れることで、意識は本当の存在のあり方へと実際に「家」に帰っているのです。

そうした精神的な癖を直すことや、「制限のない状態で意識を開かせる」というのがどういうことなのか理解するのは難しいですね。

もしそれが、あなたが正直にしたくないと思っていることでなければ、難しいことではありません。したくないと思っているなら、難しいことでしょう。したくないと**思っている**ことをすることはできません。あなたが何かにしがみついていて、本当にそれを手放したくないと思っているのなら、それを手放**そうとしても、さらに強くつかむ**ことになるだけです。あなたの存在のすべてが、何かを手放すことをただ単に受け入れていれば、まさにその瞬間に、開かれた状態、穏やかな状態、試みることさえなく手放した状態が訪れます。手放すことに払われる努力は全くありませんし、使われるエネルギーも全くありません。あなたはただ、あなたの存在が本当にそうであるように存在しているだけです。あなたは、あなたを**しがみついている状態**

から**存在している状態**に変える、あなたの自然な状態の中にいるだけです。そして、もしここからそこに行くのが難しいのなら、それはただ、あなたがここにいたいと思っているからです。そこにいたい、その本当の存在のあり方の中にいたいと本当には思っていないからです。手放したくないのです。手放そうとしているけれど、それが難しいというのなら、あなたが直面しているのは、あなた自身の正直さが欠けているという状態です。それが、ここで問題となっていることです。

そこで明らかになっているのは、意識が内的な葛藤状態にあるということです。意識の一部は、ただそれが本当のことであるという理由で、手放したいと強く望んでいる、手放すことを切望しているのですが、意識の別の部分が、ただそうしたいという理由で、しがみついているのです。まだそれ自身の考え、それ自身の感情を受け止め、信頼しているのです。特定の感情、理念、あるいは考えにしがみつくことに利点があると信じているのです。しがみついているものに注ぎ込んだ期待があるために、手放さないのです。いつかある日、探しているものが手に入るという期待、そのしがみついた状態を通して期待しているものが手に入るという望みがあるのです。

しがみついている意識のある程度の量が正直になり始めると、すぐにそれは、自分のやっていることが、本当ではない**存在のあり方**の中にあることを理解し始めます。しがみついた状態にいることが、自分自身と調和しなくなっているのです。そして、意識のその部分がそれを手放し始めたとたん、**もはや**しがみつく必要がないこと、単なる感じ方にすぎないものをもはや信頼する必要がないことを受け入れるようになったとたん、そして、開放された穏やかな存在の状態の中で、自分が**本当だと知っている**ものを信頼し始めたとたん、内的な葛藤に終止符が打たれます。今や、意識のあらゆる部分がそのようになります。意識がこのように完全に正直である時に何かにしがみつこうとしても、しがみつくことはできません――できないのです。完全に正直な状態にある意識は、しがみつく力を持っていないからです。

「しがみつくこと」が起こり得る唯一の方法は、意識が何かごくささやかな方法で不正直になることです。そうすると、すぐに「しがみつくこと」が起こり、「手放すこと」ができなくなります。不正直な意識は手放すことができないのです。もしあなたが明け渡すことが難しいと感じているのなら、それは、あなたの一部が明け渡したくないと思っているからです。その部分が正直になれば、本能的に独りでに何の努力もなしに、手放したいと思うようになります。

数千年前、人々はひたすら洞窟に引きこもっていました（が）、自分にとっての「真なるもの」は数千年の前の「悟りの意識」（のようなものではない）と思うようになりました。私にとっては、霊性と人間性とが一緒になったものが本当なのです。（私が言っているのは）自分自身（を本当に見つけることができ）「真なるもの」の状態でいられるように、「一人の時間」を持つことから来るような霊性のことです。私の目標は、それを、十代の若者を育てるような人間的な（生活）と一つにすることです。

　意識が正直である時、つまり、何かの理由で本当だと**思いたい**ものではなく、開かれた穏やかなあり方と、意識が本当だと**知っている**ものに尽くすためだけに生きている、最も深いところにある開け放たれた部分に自分を完全に明け渡したままでいる時は、この人生で意識が何をしているかは問題ではありません。それがどのように選択し、どの道に行くかは問題ではありません——どんなことをしていても、それが的を外すことはありえないからです。あなたは、あらかじめ決められたどのような選択の仕方もやり方も必要としていません。あなたは、どのような構造も規範も、うまく行く物事のやり方も必要としていません——あなたが的を外すことは到底ありえないからです。

　意識の不正直さがある時は、構造が必要だと感じるようになります。規範、正しくなったり間違ったりする物事の進め方、より良いやり方などです。その時、意識は頑固になります。あなたは自分本位になります、判断に頼るようになります、**何か**を持った本当の「誰か」になります。そしていつも、自分より高いところに誰か別の人がいるようになり、自分より低いところに誰か別の人がいるようになります。あなたが何に触れるか、何をするかは重要でなくなります。霊性を含めて、人生の中であらゆることが全くうまく行かなくなります。不正直さがあるところでは、それが、あなたが触れるものをすべて駄目にし、あなたが試みることをすべて汚してしまいます。あらゆるものを台無しにしてしまいます……そしてそれはいいことです、なぜなら、そうすれば、あなたは意識として、うまくやり過ごすことができなくなるからです。内側であなたにとって物事がうまく行かなってているとすれば、それは素晴らしいことです……。

あなたは、自我が（どのように）コントロールに働きかけるか説明されました。もしそれをやっている誰かが周りにいたら、そのために愛されてないと感じますし、そこには怒りがあります……それはいいことですか？

怒りは、非常に大きな不適格者です。怒りが存在すると、そのとたんにあなたの存在のあり方は完全に適格性を失います。あなたが、スピリチュアルである、あるいは正しい、あるいは汚れがない、あるいは最善だと**思って**やっていることが何であれ、そこから怒りが生じることが許されるとしたら、そこには価値はありません。それはすべて浪費、無駄です——救われるものは何もありません。あなたは正しいあるいは汚れがないと**思っている**にもかかわらず、最も深いところにある開放された穏やかな場所から見ると、実際に正しいあるいは汚れがないと**分からない**ものは、どれも完全に取り替える価値しかありません。

それが現れた時は、大きな合図になりますね。

その合図が現れた時に不正直さがやることは、自分の中に引きこもり、怒りと一緒に働くことです。その仕事は、同じように何から何まで役に立ちません。それは決して正常には機能しません。それがたまたま正常に機能しているように見えたとしても、あなたは自分本位になります。どのように怒りと力を合わせて働くかを知っている人になっていて、自分自身の怒りにうまく対処していますし、その時は本当に「誰か」になっています。そして今度は、怒りを持っているほかの人をすべて変えたいと思うようになります。彼らに教えたくなります。彼らを変えたいと思うようになり、もし彼らがあなたの方法に賛同しなければ、あなたは不満を持つようになります。そしてまた腹を立てるようになります。

絶対的な正直さと明け渡しがなければ、内側にあるどんなものと力を合わせても、うまく行きません。悪くなるだけです。「スピリチュアルワーク」というのは嘘です。あなたが「スピリチュアルワーク」を行っているという仮面を脱いだら、その裏にあるものは、「自分はこのことから何が得られるだろうか？　ここで何かを得たい、そして自分のやり方でそれを手に入れたい」ということです。「スピリチュアルワーク」を行うということは、物事を今あるがままに受け入れていないという基本的な内側の状態に基づいています。「スピリチュアルワーク」を行うということは、今のままでは「大丈夫じゃない」というあり方に基づいています。それは、変える**必要がある**という幻想に基づいており、自分に根本的に変える**力がある**という幻想に基づいていますが、あなたに変える力はありません。あなたは、自分の人生の中で、内側で自分自身を**本当に**変えたことが一度でもありますか？　行動を適応させたり調整したりすることはできますが、それは、あなたが存在としてどのような人であるかとは全く関係がありません。

私たちはそれを飾り立ててよく見せているのですね——怒りのように……それはもっと扱いにくいものになりますすね。

あなたは、自分の行動パターンを変えることはできません。しかし、その不正直さをたちどころに苦もなく和らげ、開放させることによって、意識に正直になることを**許す**ことによって、自分の**存在のあり方**に変わることを**許す**ことができます。それは、深いところから来る本当の変化です。それが、あなたにできる唯一の本当の変化です。ほかには何もありません。

自分自身を磨く努力をするということは、ある種の「しがみつき」を利用するということであり、あなたの内側で何かをするために「しがみつき」のエネルギーを利用するということです。あなたが実際にやろうとしていることは、もっと切実でもっと意味を持った「しがみつき」です。**あなたの内側に変えるべきものは何もありません。**やるべきこと、あなたに変えられること、あなたが実際に必要としていることは内側には何もありません。望んでいる、あるいは必要としているとあなたが思っているものはどれも、あなたが望んでいるものでも、必要としているものでもありません。そして、あなたが内側で正直になった瞬間、あなたはそれが本当であることを理解します。「スピリチュアルワーク」を何かと勘違いすることは、内側の努力がすべてであると勘違いすることです……それはすべてを悪化させます。

スピリチュアルであること、あるいは霊性を人間的な状況に取り入れようとするのはとてもいいことのように思えます。

どうしてスピリチュアルであることを人間的な状況に取り入れたいと思うのですか？　その時のあなたの課題は何ですか？　なぜそうしたいと思うのですか？

自分を高めるためです……。

どうして何かを高めたい、良くしたいと思うのですか？　なぜ誰かが助けられるべきだとあなたが思い、感じる方法で誰かを助けたいと思うのですか？　どうして自分自身を助けたいと思うのですか、そして、どうして自分自身の個人的な感情や考え、課題に基づいて、自分の認識がなすべき何かを自分に示していると思うのですか？　なぜより良くしたい、特に「意味のある」改善をもたらしたいと思うのですか？　それはただ、必要のないものを手に入れる結果に終わるだけです。そんなことをしても、意識の最も深いところでは、実際にはあなたが全く必要としていないものを手に入れることになるだけです。それが、どんな「スピリチュアルワーク」をしても決してうまく行かない理由、決して本当でない理由です。

どんな「スピリチュアルワーク」も、絶対的な正直さと明け渡しがない限り、見せかけのもの以外の何かになることはできません。それは、正直さから関心をそらせる核となるものであり、明け渡しから関心をそらせるもの、何かの形の個人的で内的な成果へと関心をそらせるものなのです。それは、**何か**を持っている「誰か」になるための必需品です。「スピリチュアルワーク」に正当な理由はありません――これっぽちも。我々は理由を作り上げているのです。しかし、ほんの少しでも正直さがあれば、それを見抜くことができます。

あなたが持っている唯一の権利は、すべてのものに対して**ありのままに**完全に正直になることです。それはうまく機能します。愛する、助ける、奉仕するという課題を持っている人は、どんな人も有害です。そこには、すでに幻想の状態、内側でなすべきものがあると実際に信じているという状態が存在しています。その人はすでに、自分にそれをやる力があると信じているのです。

中にいるのは小さな赤ん坊です。愛という流れは存在しますが、愛するという課題は存在しないのです。何かの理由で愛するという課題が存在するようになったとたん、内側にあるものはもはや純粋でなくなります。そもそもあなたが愛するという課題を持てるとすれば、その唯一の理由は、そこから何かを得ることです。この世界のどこにも、歴史上かつてどこかの時点で、そのために生きる価値のある課題が存在したことなどありません……一度も。価値のある課題など、どのような理由であれ、どんなものであれ、存在していないのです。ある課題のために生きるためには、個人的な理由が必要になります。ある課題のために生きるためには、正直さあるいは「真なるもの」とは全く関係のない個人化された理由を支持することが必要になります。これらの理由は、何かを**手に入れる**こと、実際にはする必要がない何かを**する**ことと関係があるだけです。

あなたが何かの課題のために生きているとしたら、そのおかげで、あなたは暴力的になっています。あなたの存在のあり方は、本当の存在のあり方の**自然な安らいだ状態**からではなく、感情的あるいは精神的な興奮状態から生まれる**不自然な力**や激しさの一つになっています。あなたが課題を持っているとしたら、そしてその課題を邪魔するものが何かあるとしたら、あなたは締め付けられるような感じを持つでしょう。その締め付けられるような感じが、怒りが生まれてくる場所です。その怒りはまだ現れていません。あなたがしがみついている課題を邪魔する誰かあるいは何かが、その締め付けられるような感じが十分長くそこにとどまって悪化した時に初めて、あなたはいよいよそれが抑えられなくなるのです。**あなたは自分が望んでいる**

ものを手に入れることができないために、それに反応してその締め付けられるような感じを表に現します。思い通りに行かないからです。そして、それが暴力です。それは、どんな種類のどんな課題についても言えることです。

しかし、あなたが正直な心で本当だと知っているものは、そのために生きる価値のある存在のあり方です。その**あり方**は、あなたが自ら作り出したあなたの全存在を与えるだけの価値があるものです。あなたの過去、現在、未来、あなたの表層の乗り物、あなたの課題、あなたの関心事、あなたの全人生――すべてです。あなたは、最も深いところにある正直さの場所からあなたが本当だと**知っている**最も小さなものに対する献身の中で、自分の存在のすべてを使って、全面的な献身の中で正しく生きることができます。自分の全人生を、その小さなものに引き渡すことができるのです。

しかし、あなたが正直な心で本当だと知っているもの以外の何かに、どんな部分であれあなたの一部を与えるとしたら、どんなエネルギーであれあなたのエネルギーを少しでも与えるとしたら、あなたは、自分が属していない場所にいることになります。あなたは、本当である存在のあり方から**離れて**動いているのです。本当でないことをして、重要でないものを重要なものにしているのです。あなたが実際に本当だと**知っている**最も小さなものの本当に重要なものを覆い隠したり、何か別のものを作り出したりして、それを重要でないものにしているのです。あなたが実際に言っているのは、こういうことです。「それは重要です、それは私にとって本当に重要です。それはとても重要なので、私は本当に**そのために生きます**」と。スピリチュアルであることや心《ハート》に深く刻まれている課題は、どんなものも致命的に有害です。それらは本当の存在のあり方にとって有害であり、触れたものをすべて歪めてしまいます。

開かれ、最初から最後まで正直であることを自らに許し、自分が実際に本当だと知っているものの完全性に**最高の**価値があることを認める意識――それが、生きている、自由な流れの中のある意識です。このような意識は、この人生で何でもすることができますし、それが的を外すことは決してありません。的を外すことは**ありえない**のです。しかし、「スピリチュアル」であること――それは単に洗練された形で盗みを働くことにすぎません。人がそもそも「スピリチュアル」であろうとする唯一の理由は、何かを手に入れることです。それは、その人が正直な心で本当だと知っているものに身を任せることとは全く関係がありません。なぜなら、本当だと知っているものに身を任せる時に意識の中に残されるのは、正直さと明け渡しだけだからです。

もし正直さと明け渡しだけが残っているとしたら、そこには、意識の中を通り抜け、あらゆる表層の乗り物の中を通り、この世界のすべて、この人生のすべての中を通り、動き、洗い清める、最も深いところから来る流れが存在するようになるでしょう。その流れに触れられたものは、どんなものも癒され、命を与えられます。そして、そこには課題は全く存在しなくなります。そして、これらはどれも、何かの**動機**があって起こるものではありません。それは、単に最も深いところから来る「真なるもの」の流れにすぎません。そこには、何かをやろうとする動きは存在しないのです。

　意識は、赤ん坊のように、花のように、ごく自然に流れるようになります。花は、それがあなたに触れるやり方であなたに触れる時、それ自身であるために努力することはありません。あなたが抱っこしている小さな赤ん坊、あなたの中をのぞき込み、あなたのことを**知っている**赤ん坊は、何の努力もしていません。何かを**しよう**とすることはありません。しかし、「スピリチュアルな人」の場合と違って、そこには非常に素晴らしい自然な流れがあります。

「スピリチュアルな人」は、救い難いほど判断に頼り、救い難いほど自分本位で、**何か**を持っている救い難いほどの「誰か」です——彼らは救い難いほど重要な存在なのです。そして、全宇宙の中、あらゆる意識の中には、歪められたものを癒せる可能性のあるものがたった一つだけ存在します。それは正直さです。正直さは、歪みの中を通り抜け、**本当に**存在するものが何なのかを明らかにします。正直さは、歪みの中に入り込み、歪みに風穴を開けることができる唯一のものです。どのようなものであれ、それ以外のものは確実に歪みを悪化させるだけです。

　スピリチュアルであることに、それが自分であるという自己同一化が少しでも存在しているとすれば、愛情深い人であること、助けになること、親切であること、優しくあること、思いやりがあること、思慮深くあること、寛容であること、あるいは穏やかであることに少しでも自己同一化があるとすれば、その穏やかさ、優しさ、寛容さ、スピリチュアルさ、愛情深さ、あるいは優しさは、何かを成し遂げる、あるいは獲得することだけに興味を持っている存在を覆い隠す、ただの仮面にすぎません。

何かが**本当**である時、何かが実際に最も深いところから来ていて、ずっと表層まで来ていて、あるままでいることを許されている時は、愛があります。思いやりがあり、優しさがあります。そこには、すべてが流れの中にある、実に様々な種類の「存在の表現」があります。そして、この流れがそれ自身を表すことができ、この人生の中にいることができ、それ自身を表現することができるどんなあり方においても、その中にそれが自分であるという自己同一化は全く存在しません。その流れは、ただそれ自身であるだけです。しかし、そのような流れが生じているという**意識**は存在します。例えば、愛が存在する場合、それが愛であるという意識は存在しますが、「愛情深い人」であることに自己同一化は全く存在しません。助けになる、思いやりがある、あるいは穏やかであるという流れがあるという意識は存在しますが、助けになる、思いやりがある、あるいは穏やかであることに自己同一化は全く存在しません。このような本当の流れが、「誰か」であることから来ることは決してありません。なぜなら、「誰でもない人」だけがそのような流れが現れることを**可能にする**からです。

私たちは、「あなたはいい人ですね」とか「優しい人ですね」と言われると、そうだと思い込んでしまいます。それは、このようにして始まったのですか?

それは、そのようにして始まりました。我々は、言われたことをそうだと思い込んでいましたが、それは誰かがそう言ったからではありません。我々がそう思い込んだのは、誰かが言ったことが、自分がすでに期待していたことにとって都合が良かったからです。意識として、我々はその人を利用したのです、その人の言葉を利用したのです。

ある時点では存在の無邪気さがあったのですが、痛みがあったために、自分の表層の乗り物の一つで感じたある種の苦しみがあったために、あなたは意識として、自分にできることが何かあるのではないか、自分自身の**外側**で、一つの表層の乗り物の**内側**で……精神の中で、感情の中で何かできることがあるのではないか、その痛みから自分を守るために何かできることがあるのではないかと思い始めたのです。

あなたがまだ正直だった時に、理解がある場所で内側を調べた時は、なすべきことなど何も存在していないことは驚くほど十分に明らかになっていました。痛みはありましたが、それが全く大丈夫であることを意識の内側のすべてが知っていました。変える必要のあるものなど何もなかったのです。

しかし、意識はそれを見て、こう思いました。「それでは十分**ではない**。すべてが全く大丈夫であるというだけでは十分**ではない**、それでは痛みを**止める**ことはできないし、その痛みが本当に、本当に大丈夫であるというだけでは十分ではない。私は外側に向かおう――痛みを止めるためにできることが何かあるはずだ」と。しかし、意識は内側では知っていました。なすべきことなど何もないことを。それでも意識は、実際には本当ではないと知っていた何かを信じることにしたのです。そして、痛みをコントロールする方法、そこから自分自身を守る必要のないものから自分自身を守る方法、すでにその時点で素晴らしく完全である意識の中で何かを助ける方法を求めて、自分自身を、意識として、表層の乗り物の中へと拡大しました。

このような意識が、手を伸ばした外側で、親が「お前は特別だ」というのを聞くと、そしてその意識が感情的な乗り物の中でそれを聞いて、その瞬間に感情的な乗り物の中で何かの痛みが「お前は特別だ」と言われた心地よさに取って代わられると、その意識は**感情的な体の中で気分が良くなる**のです。それは**実際に**内側で良くなったわけではありませんが、良くなったという**感じ**を持つのです。その意識は、「自分はこのことと一緒に働くことができる——たぶん自分はもっと多く手に入れることができる」とつぶやき、幸福に対する愛着や痛みを和らげたいという望みのために生き始めるのです。

このようにして自分自身から出てしまった意識は、感情的な乗り物、精神的な乗り物、直感的な乗り物にますます深く関わり、巻き込まれ、とらえられ、**本当の**姿から遠く離れたところで自ら作り出した世界に捕らわれるようになります。意識は、「道に迷ってしまった。自分はどこにいるのだろう？　自分が誰だか分からない。何が本当なのか分からない。何が起きているのだろう？　何もかもうまく行かない。何もかも全くうまく行かない」と理解するまで、長い間それをやり続けます。

こうして、意識は**道**の上を歩くのです。完全で完璧なあり方に戻る方法を見つけるための道を。そして意識は、精神を通じて、そのような悟りや覚醒を求めるのです。そして、覚醒を必要としている間、悟りを必要としている間、痛みの軽減を必要としている間、あるいは少しでも何かを必要としている間ずっと、**「真なるもの」の探求**が続くのです。しかし、「真なるもの」は、実際にはその意識が探しているものでは全くありません。それは、気分が良くなること、心地よくなること、痛みが軽くなることを探しているのです。意識はそのことを「真実を探している」のだ、「探求」だと呼びますが、自分に嘘をついているのです。意識は、単なる嘘つきである代わりに、スピリチュアルな嘘つきになっていて、それがどんどんひどくなるのです。

そのような存在のあり方から意識が接触するものは、どれも決してうまく行きません。意識は、非常に多くのことを調整することができますし、状況を変えられる**ように見え**ますが、それ自身の内側の状態を変えることはできません。意識は、「家」から遠く離れたところから、いつか「家」に帰ら**なければならない**という必要性を完全に手放し、怒りや不満、欲望、自己中心的なあり方などが存在する状態や、自分自身の内側に閉じ込められた多くの醜いことを自分自身で無条件に受け入れられるようになって初めて、自分が完全で温かな大丈夫さの中にいると**気付くようになる**のです。それが、意識がただあるがままの状態で本来の自分自身でいるということです。

あとに残るのは安らぎだけです。全面的で完全な受け入れの温かな流れ、もう二度と再び変わるべきものは何もないという受け入れです。そして、意識が精神的、感情的、直感的な乗り物の内側で起きていることを自覚することなく、最も外側の意識から来るその存在のあり方が、最も深いところにある存在のあり方とぴったり合わさるようになります。そして、意識の最も外側と最も内側の存在のあり方が一つになった状態があるために、即座に「真なるもの」、実在《リアリティ》に戻り、「家」に帰るのです。

この時、意識は欠けるもののない全体であり完全です。それは、本当の存在のあり方の中にある「家」であり、もう変えるために何かを**する**ことはありません。すべての道が終了したのです。いつか変えなければならないという必要がなくなったのです。何か良いことを必要としたり、何か悪いものを取り除いたりする欲求や願望に終止符が打たれたのです。あらゆる種類の内側で何かをやるということがすべて、最終的に完全に終わりを迎えたのです。

この時にはもう、実際に本当である存在のあり方が存在しています。ありのままで大丈夫という無条件の「受け入れ」が存在しています。あなたは「家」に帰ったのです。そして、それはこれほど簡単なことなのです。それは、これほど癒しをもたらすものなのです。この時起きたのは、ただ意識が実際に本当だと知っていることに対する全面的な正直さと明け渡しだけです。意識が目覚めたのです。「家」に帰ったのです。意識は、何が起きているのかを精神的、感情的、直感的に理解することなく、本当に、本当に存在するものに戻ったのです。

どうやってそうするのですか？

「家」から離れた意識はどのようにして本当であるあり方に戻るのでしょうか？　意識は、正直であることによってそうするのです。認識、思考、願望、必要性、感情、理想に忠実であることを手放すことによってそうするのです。それは、意識が本当に正直に本当だと**知っている**こと以外の何かに対して忠実であることを最終的に手放す時に起こります。あなたがこの人生で何らかの課題を持っているとしたら、あなたは本当でないものに対して忠実になっているのです。あなたは、認識、幻想、偽りに対して忠実になっていて、自分が実際に本当だと知っている最も小さなものに対しては忠実になっていないのです。あなたは、その小さなものを覆い隠しているのです。なぜなら、それを見るたびに、それに対して忠実であることが自分の課題を失うことを意味するのを知っているからです。自分で作った夢や願望を失ってしまうからです。そうしたものすべての中で生きることを失ってしまうからです。もはや**自分**が望むものを手に入れようとしなくなるからです……**コントロール**を失ってしまうからです。

そのためあなたは、自分が本当だと知っているそのごく小さなものをすぐに覆い隠すのです。それにつまずくことさえできないように、それを封印するのです。なぜなら、それはあまりにも危険だからです——そのごく小さなものは、あなたの人生のもつれた糸を解きほぐすことができるからです！　そして、いったんそれが封印されると、あなたはその上に立って、その小さな声を黙らせてしまいます。それを締め出すために苦労してきたからです。もうその声を耳にすることはなくなり、そしてやっと安心します。

今やあなたは、そのために生きる価値のある個人的な真実を求めて、あなたを満足させるもの、あなたにとって本当に「素晴らしい」ものを求めて歩き回ります。そのために生きることができ、自分を幸せにし、自分を「誰か」にしてくれる何らかの課題を探し求めます。自分がそう見えてほしいと願っているように見えるように、自分がそうなりたいと思うものになるために、意識として、その中を上って行ける課題を。あなたは、それをすべて**自分**のためにやっているのです。私心のない理由で、あるいは誰かほかの人のためにそれをやっているように**見える**かもしれませんが、あなたはただ**自分**のためにそれをやっているのです。そして、それはとても簡単にさらけ出されます。ただその仮面を取り、それを開け、中を覗き込み、その下にあるものを見ればいいのです。もし誰かがその仮面に触れ、それを使えなくし、それを剥ぎ取ったとしたら、あなたはひどく脅かされるでしょう……一つにまとめられたあなたの自己同一化や課題が、あなたがとてもさらけ出すわけにはいかない本当の姿を覆い隠しているからです。

私は……「真なるもの」が何であるのか……その核心部分、その部分が（本当に何であるのか）

自分が知っているということを信頼していないような気がします。

だったら簡単です。あなたがもし自分が知っているということを信頼していないのなら、自分の意見や理想、希望、願望、必要性、夢は何も信じる必要がなくなります。あなたは自分が**自分自身**を信頼していないことを知っているのですから、**こうしたもの**を信頼しなければいいのです。そうすればすぐに、それらはどれももはや重要ではなくなり、あなたはすぐに解放されます——重荷はすべてなくなります。

そのことがあなたの最も深いところにある存在と共鳴するために、実際に栄養分を与えてくれます。そのことに耳を傾ければ、あなたの最も深いところにある存在は、あなたの中を上方へと移動し、あなたが耳を傾けているものを愛してくれます。その存在は、あなたの課題に対しては、そんなことはしてくれません。あなたの最も深いところにある存在が、あなたの課題やあなたの「スピリチュアルであること」に関わることは絶対にありません。存在は、そこには何もないことを知っているので、そんなことはできないのです。**このこと**に耳を傾ければ、あなたはそのことを愛するようになります。なぜなら、あなたの存在がそれを愛しているからです。それは、あなたがずっと本当だと知っていたことなので、痛みを和らげてくれます。とても癒されます。この癒しはうまく行きます。この栄養分はうまく働いてくれます。その言葉は、あなたが完全に手放し、落ち着ける場所の内側に空間を与え、あなたが実際に**頭を横たえ**

られる場所の内側に空間を与えてくれますし、それ以上になすべきことは何もありません。内側には安らぎがあります、存在するための十分な場所があります。

その時に起きるのは、あなたの精神――精神の中の意識――が、あなたが耳を傾けていることが意味することや、あなたが招き入れたものが意味することを部分的に理解するようになることです。そして、それらが意味することをはっきりと理解するようになると、つまり、それらがどのように自分の感情的な乗り物や精神的な乗り物、自分の意志を通して自分の人生全体に広がるのかを理解し始め、自分がしがみついているものをすべて失うことが何を意味するのかをはっきりと理解するようになると、それらが自分の全人生にわたって綿密に計画されていることを理解するようになります。自分がしがみついていたものをすべて失うのだと理解するようになりますが、あなたが躊躇し始める可能性があるのはこの時です。意識が評価し始めるのです。「それは価値のあることなのか、自分が本当だと知っているものの内側にいるためにそれほど多くのものを失う価値はあるのだろうか」と。そして、意識は心配し始めます、気にし始めます。この時すでに、意識はあらゆるものにしがみつくことに傾き始めています。なぜなら失うものがあまりにも広範囲に及ぶからです、あまりにも大きいからです。そして不正直さが、再び少しずつ頭をもたげ始め、それ自身を復活させ始めます。そして、それと一緒に自我が戻って来てこう言うのです。「危ないところだった！」

そうならないためにはどうすればいいのですか？

あなたがまたいつか遭遇するあらゆる形の「大丈夫じゃない」を、自分自身に温かく受け入れさせる、無条件で受け入れさせることです。そうすれば、それは簡単になります。変えなければならないと感じる何かがある時、内側で変えることが重要だと思う何かがある時は、すぐに代わりに、内側の新しい生きた反応に、その問題を温かく無条件で――ただあるがままに――受け入れ**させる**ことができます。何かを変えることに参加する必要は全くないのです。そうすれば、あなたは温かく大丈夫な状態に置かれます。それは、どのような状況でもあらゆる種類の「大丈夫じゃない」を受け入れる、本当の**生きた**受け入れです。

周りに沢山の「大丈夫じゃない」が出てくると思うので、そんなことをすると孤立するような感じがします。人はそれが好きじゃないでしょうから。

あなたの周りには、沢山の「大丈夫じゃない」人たちがいます。そして、あなたが、すべてあるがままでいいと無条件で受け入れることを自分自身に許せば、そのことが「大丈夫じゃない」人たちを感化します。彼らは、最初はあなたと同じようになることに魅力を感じるかもしれませんが、もし彼らが大丈夫であることを本当に望んでいないとしたら――「大丈夫じゃない」ことを望んでいたり、「大丈夫じゃない」ことにこだわっていたりしたら――、そのことが彼らを怒らせるかもしれません。そして、あなたは友達を失い始めるかもしれません。

もう一つの可能性は、あなたの周りにいる実在《リアリティ》を切望しているどんな人も、ただあなたと一緒にいることに抵抗し難いほど魅力を感じることです。あなたの**空間**の中に、実際に彼らに頭を横たえさせる何かが存在するようになるからです――しかも彼らは、あなたが何を**言っている**のか全く分かってさえいないかもしれません。彼らは、あなたが何を**している**のか理解していないかもしれませんが、あなたがどんな存在で**ある**のか、あなたの存在のあり方に愛情を感じるのです。あなたの存在の仕方が、彼らにとっての栄養分になるのです。あなたと同じようであることが彼らにとって癒しになり、そのことに**存在の魅力**を感じるようになるのです。しかも、あなたは彼らを愛そうとも、助けようとも、変えようともしていないのです。それはすべて努力せずに起きたのです。正直さと明け渡しが本当に効果を表しているのです。

「自分を愛すること」は、そうした大丈夫じゃないことを受け入れていることの良い証しなのでしょうか。

努力や自己愛は、自分をもっと傷つけるだけです。そこに少しでも努力があったとしたら、あなたは、意識としてただ自分自身を歪めているだけです。あなたは内側で、ただ自分自身をごまかしているだけです――内側の正直さの場所から見て、自分が全く興味を持っていない何かをしようとしているだけです。

うまく機能するのは、努力せずに自分自身に優しくあること、努力せずに自分自身が**ただ存在する**ための空間を与えることだけです。その空間を確保したり、保護したりするために、「私の望みはただこれこれになることだ」という自分の空間を持つために、あらゆる種類のエネルギーを持ち込むのは、ただの幻想にすぎません。少しでも努力が存在するとすれば、それはもう一つの、あなたの注意をそらせるものです――うまく機能しない何かほかのものです。

本当の意味で「自分を愛する」というのは、自分を愛する必要があるという思いを温かく手放すことです。それは、自分自身をしっかりと**抱き締めようとする**努力、あるいは自分を**愛そうとする**努力を手放すことです。本当の意味で「自分を愛する」というのは、慰めを求めてもうまく行かなかったり、これまでほかのことが何もかもうまく行かなかったりする時に、やることではありません。あなたの最も深いところにある存在から一番外側までずっと続く全体性――自分自身に優しい、努力を必要としない自然な存在――がある時に、それはうまく行くのです。しかし、「いい気分になる」ために自分自身に優しくなることに感情的に引き寄せられたために、そこに少しでもねじれがあると、それはうまく行きません。

内側から一番外側までずっと続く全体性を傷つけるものが存在したとたん、思考や認識、感情、外からの圧力、願望、必要性など、あなたが実際に本当だと知っているもの以外の何かを信頼することによって、存在の全体性を傷つけるものが存在したとたん、ほんの少し不正直さが招き入れられます。そしてそれが、あなたが触れるもの、行うことをすべて台無しにしてしまいます。しかし、反応の素朴な純粋さが意識の中をずっと一番外側まで動くのを許され、そして、痛みを和らげるためや悟りを得るために、幸せになるために――何かのために――、あなたがその素朴な理解を傷つけたりしなければ、あなたの最も深いところから来る、あなたの中を動くその素朴で純粋な反応は有効に機能します。あなたを癒してくれます、栄養分を与えてくれます。あなたは、そうしようと試みることさえなく、自分を愛し、楽しむようになります。あなたの中を動くあらゆる流れの中で、それに伴うどんな努力も全く存在しなくなります。

スピリチュアルワークは嘘である……いいですね……私はスピリチュアルワークに少しうんざりしていますから。

誰もがそうです。

私が「スピリチュアルな遊び」と呼ぶものはどう思われますか？　自分に何かを押し付けるのではなく、（むしろ）自分自身にもっと流れることを学ばせるのです。

それだと痛みは少ないですが、まだ**本当**とは言えません。なぜなら、その**遊び**では失望を感じることがあるからです。遊び心の中に埋没してしまうからです。あなたはなぜ「スピリチュアルな遊び」をしようと思うのですか？　それがただの遊びだとしたら、なぜ**スピリチュアルな**遊びを選ぶのですか、どうしてほかの遊びを選ばないのですか？

（それは）（特定の）行為の流れになることやそれに従うことがスピリチュアルなことだと分かっているからです。スピリチュアルになろうとしているからではありませんし、それがどれだけスピリチュアルであるのかを判断しているからでもありません。それは一種の受け入れです。

受け入れることがある程度本当であることもありますが、あなたがそういう状態になろうとする理由は何ですか？

それが正しいと感じるからです。

正しいと**感じる**という理由で受け入れの状態になろうとすることが、あらゆることを次第に悪化させるとしたらどうしますか？　あなたはまだその「受け入れる遊び」を続けますか？

その時は先に進む時です。自分にそれが起きたら、必ずそのことに注意すると思います。

本当の受け入れが深まった時は、そのことであまりいい気持ちがしないと感じることがあるかもしれません。内側の深いところには、あなたを非常に深く傷つけ、非常に大きな痛みを与え、心底まで脅かすために、あなたが圧力をかけて押さえつけてきたもの、これまでどんな状況でも決して自分の目に触れさせなかったものが存在しています。深い受け入れが存在するようになると、自分が目にしたくなかったものから手を離すと、あなたがそれを温かく迎え入れると、あなたが非常に長い間押さえつけてきた辛く苦しいことが、あなたの内側から出てくるかもしれません。あなたが受け入れの状態にあるおかげで、それらが実際にあなたの精神的、感情的、肉体的、直感的、意志的な乗り物の中に入るための余地を与えられた時には、まるで自分が急に後戻りしているかのように、人生が悪くなっているように思えるかもしれません。

受け入れが存在している唯一の理由が、それがただ自分が本当だと**知っている**ことだからだとしたら、そして、あなたがそれに身を委ねたために自分の人生が悪くなり始めたとしたら、あなたはその受け入れの状態にとどまりますか？　それとも、自分の人生が悪くなり始めたという理由で、受け入れの状態にとどまるのをやめますか？　自分が良くなる代わりに悪くなっているように思える時、自分が**知っている**ことを捨て去って、何かが悪くなるに違いないという自分の**判断を**信頼しますか？　そして、開かれた状態、穏やかさ、受け入れの状態をやめて、評価する場所に移りますか?

その段階になったら、たぶん尻込みすると思います。私にはまだ完全に正直になる用意ができていないと思います。それが何であるのか少し分かったことで十分だと思いますし、その中に十分足を踏み入れたと思います……でも、私にとって正直になるということの一部は、自分がまだ完全に正直になる用意ができていないと口に出して言うことです。そして、私にとっては、自分について そのことを理解することが、その最大限の受け入れのプロセスの一部になっているのです。そこまで行くのがやっとで、そこで立ち止まっている状態です……。

その「受け入れ」は誰のために働いているのですか、あなたのためですか、それとも、あなたの最も深いところにある存在のためですか? あなたの言う受け入れは、あなたの存在のためにうまく働いてくれていますか? あなたが内側で物事を進めるやり方は、あなたの存在のためにとてもうまく機能していて、あなたの存在があなたの内側に現れるための場所を持ち、その場所を占有し、その場所の中ならどこにでも行け、あなたの現在の人生、過去、未来のどこにでも行け、やるように動かされたものは何でもできるように、**あなた**の全空間をきれいにしていますか? あなたの「受け入れ」は、あなたの存在の世話をするためだけに存在していますか? あなたは、**あなたの存在**が向かって行ったものなら何でもその存在に与えるようなやり方で、あなたの存在に完全に身を捧げた状態にありますか？　あなたの存在が何かを手放すようにあなたを動かした時には、あなたはすぐにそれに黙って従い、自分を明け渡し、解き放ちますか？　あなたはその存在のために生き、もはや自分のために生きることはありませんか？　あなたの「受け入れ」が本当にそういう状態にあるとしたら、あなたがやっていることはあなたの存在のためにあると言えます。

もしその「受け入れ」があなたのためであれば、その受け入れの中で自分を解き放つことによって、より多くの場所があなたに与えられます。それは、あなたがより心地よくなるように内側の場所をきれいにします。なぜなら、そうすればストレスが少なくなるからです。あなたが何かにしがみついている度合いが小さくなれば、内側でストレスが減り、心地よさが増えます。そして、すぐにそれを認識する十分な才能が意識にはあります。あなたは、開かれた状態や柔らかさ、手放した状態、明け渡し――そして正直ささえも――が、あなたがそれを適切な分量で使った場合には、あなたが望むものを何らかの方法で与えてくれることをよく知っています。それらはどれも、ちょうどいい心地よさを手に入れるために働いてくれるのです……でも、あまり多くの正直さを招き入れないでください。なぜなら、そうするとすべてが取って代わられるからです。そうすると、あなたの存在が入ってきて、**それ**が**あなた**を占有し、**あなた**に取って代わるため、あなたはそれが起こらないでほしいと思うでしょう。そのようにして、あなたはどこまで行けばいいのか学ぶのです。内側に引かれた線を持っているのです。一定量を超えるとコストが大きくなりすぎるので、あなたはその線を超えてまで正直にならないようにするのです。

私が今知らないといけないのは、自分の存在のあり方というより、もっと正直に生きている人たち、あなたが話しておられたようなあり方によって直接、心を動かされている人たちのことです。

そういう生き方をしている人の近くにいると、存在の引き寄せ、引力、**存在への渇望**が起こります。そうした引力が存在するのは、あなたの存在があなたの中から出てきて、**あなた**を置き去りにし、あなたの中にいるより、その人と一緒にいたいと思うからです。それが引力を生み出す理由です。そして、あなたの中でそれが起きた時、それがあなたに影響を与えます。あなたの中を流れ、あなたを動かす「真なるもの」の共鳴が存在するようになります。そのような「真なるもの」の流れが存在するのは、それが存在の引力だからです、意識としてあなたの**外側**の「存在であるもの」に引き寄せられる、あなたの**内側**から出てくる引力だからです。そしてあなたは、内側から自分の外側にあるものに向かって動くその流れや存在の引力に身を任せ、あるがままにその流れと一緒にいることもできますし、そうせずに、自分で抵抗することもできます。

その流れが、あなたの存在があなたよりも本当であると認識しているあなたの外側にあるものに注意を向ける代わりに、**あなたのことに注意を向ける**ようにならなければ、そして**あなた**のところに向かうようにならなければ、そのようなものには流れ込まないとあなたが決意していれば、あなたは抵抗します。そして、抵抗したとたん、あなたは、存在のその流れ、存在のその引力をますます受け入れなくなります。そして、その引力が生じているところには行かなくなります。そのような流れは**あなた**の人生の妨げになるので、もはやその人とは一緒に時間を過ごさなくなります。

しかし、あなたに向かうその流れが癒しであれば、そして、あなたの存在があなたの中を通して動いており、それ自身と同じような**存在のあり方**の中にあるものに向かって外側に動いているために、その「引力」があなたを動かしていれば、そして、それがあなたの中を動く時は、どんな形であれ、あなたを癒し、引き寄せ、あなたに触れ、満足させてくれるようであれば、あなたは少しずつそれに身を任せ始めるようになります。しがみついているものを手放し始めるようになり、その流れがどんどん強くなっていきます。それはとどまるところを知らなくなり、あなたは最終的に、あなたが一緒に時間を過ごしている別の存在と全く同じようになり、その存在のように**なります**。あなた自身の存在がそれと同じように**なっている**ために、それが起きるのです。あなたの存在が**いつも**それと同じようになります——あなたがまさに自分自身をその流れに同調させたのです。そして、内なる統合が起こります。あなたはあなたの存在に**なる**のです。

なぜ、そうありたいと思うのでしょうか？

なぜあなたの存在に黙って従うのか、なぜあなたの最も深いところにある存在から来る流れに黙って従うのか、ということですか？

私があらゆる必要性や望みから自由でいるとしたら、そこにある引力と外側の引力とは何が違うのでしょうか？

あなたがあらゆる必要性や望みから自由で、あなたの中を通して動く存在の流れがあるとしたら、そして、あなたの存在があなたの外側にあるものに向かっていて、あなたがあらゆる愛着から自由でいるとしたら、あなたは何の努力もせずにその流れと一つになるでしょう。あなたは存在が好むそうした方向と一つになって、自然とあなたの存在が向かっているところに向かうようになるでしょう。

でも、愛着から自由であるその存在は……同じように私の方に引き寄せられるかもしれません。

しかし、あなたの存在が**そちらの方**、別の存在の方に向かっているとすれば、それは、引力を生み出している何かが**そこに**あるからです。もしそれが逆なら、その存在は**あなた**の方に向かうでしょう。

あなたはなぜこんな話をするのですか？

それは存在の反応、存在の動きです。すべての人のドアをノックするように私を動かす**存在の愛**があるからです。誰もそのドアを開ける必要はありません。私はただ、私の最も深いところから生じる、自分がとても深く思いを寄せていることをやっているだけです。最も深いところにある意識の深さから、その存在の本当のあり方に対する完全で絶対的な明け渡しの状態から、**やるように動かされている**ことをやっているだけです。そしてそこには、そのことに伴う条件の一切ない、最初から最後まで通り抜ける反応の全体性があります。それが、私が今やっていることをやっている理由です。

あなたは、最も深いところから外側へと流れる流れの中で、全く足を踏み外すことなく、常に正直な状態で、あなたが説明した内なる統一の状態にとどまっているのですか、それとも、それは起こったり起こらなかったりするのですか？

それだけが私が思いを寄せていることなので、それが途切れることはありません。それが、私が親密な関係にあるものです。ほかにはどんな宝物もありません。ほかのことは、どんなことも私は空っぽです。

あなたと一緒に時間を過ごしている人は、いつでもそれができるのですか、それとも時々しかできないのですか？

地に足が着いた形でどんな時でも自然な状態で、いつもそれができる人はとても少ないですが、初めて自転車に乗れるようになった小さな子どものように、不安定なやり方でその中で生きられる人は沢山います——「そこら中に」といってもいいくらいに。それは、子どもがほとんど何にでもぶつかるけれど、それでもまだ自転車に乗っている、まだその状態を保っているようなものです。そこには内なる**生きた**統一がありますし、それを支えているもので本当でないものはありません。そういう存在の状態にいる人は沢山います。

人と関係を持つことについてはどうですか——それはこのどこに当てはまりますか？

あなたが「家に帰る」までは、それはどこにも当てはまりません。「家に帰る」までは、あなたは本当であるどんなものにも当てはまりません。

人は、本当である時、「家に帰った」時に人と関係を持つということですか。なぜですか？

精神的、感情的、性的、直感的、あるいは意志的な理由ではなく、あるいはこの人生と何か関係があるという理由ではなく、ただ最も深いところから来る理由、存在が引きつけられ、反応し、動いてしまうという理由のために人と関係を持つという**存在の反応**がある時には、そこで形成されるのは**存在同士の関係**です。表層の乗り物を通してそこに本来的でない形で付随する意識が一切なければ、そうした存在同士の関係はますます強く形成されるようになります。土台が形成され始めます。それをより良くするために精神的、感情的、性的、直感的、あるいは意志的な助けを必要としなくても、そこで二つの存在が一緒に「家に帰れる」土台が形成され始めます。

非常に強固になるために、あらゆる表層の乗り物が、「存在であること」によって本来あるべき形で引き込まれるような存在の土台が発達します。そして、これらの表層の乗り物がその土台より大きくなることは決してなくなります。表層の乗り物が、その土台そのものが作り出した、あるいはそうなった表現能力を超えることは決してなくなります。表層の乗り物は、次第に「存在であること」によって統合され、その中に組み込まれるようになります。そして、それらは、存在がその中を通して流れ、それ自身を表現すること以外には使われなくなります。それが、人と関係を持つ唯一の本当の理由です。

自分の意志ではない内なる存在の表現は、外面的にはどんなふうに見えるのですか？　どうして自分が勘違いしていないと、もっと深遠な形の自我の課題のために働いているのではないと分かるのですか？

それを見分ける最も簡単な方法は、その中に、それと自分とを同一視するものがないかどうかということです。

ということは、例えば、一緒に時間を過ごしている人たちの一人が、自分は悟りを開いたと思い込んでいるような場合は、明らかにそれは知らない間に入り込んだ「足を踏み外した」ことの一つになるということですか？

彼らの誰かがそのことに「触れた」としたら、非常に意識が開かれていて、それを見分けられる人は皆、自分が見たことをとても温かく面白がるでしょう。彼らは、最も温かな方法で、判断することなく、それを見抜くでしょう。ユーモアが最も深いところから出てくる時は最高です。それは、本当に癒しとなり、栄養分を与えてくれる唯一のユーモアです。彼らが見ているものを私も是非見てみたいですね。彼らは、悟りのプロセスを「身にまとっている」人を見ているのです。

私はこのユーモラスな部分が好きです。

対話3　最も深い部分――最も外側の部分

1999年1月12日、カナダ、バンクーバーにて

本当である、あるいは真実であるもので、
なくなるものは一つもありません。
あなたは「実在《リアリティ》」を傷つけることはできません。
あなたの最も深い部分は「実在《リアリティ》」で出来ているからです。
それがそれなのです。

あなたの最も深い部分は腐敗したりしません。
それを汚すことはできません。
それを歪めることはできません。
うまく行くようなごまかし、策略は存在しません。

最も深い部分にアクセスできる
最も外側の部分の唯一のものは、
本当である存在のあり方だけです。

その存在のあり方が
最も深い部分のあり方とぴったり合わさると、
最も外側の部分は
何の努力もせず、
何の概念や構造物もなく、
最も深い部分の中に住むことができるようになり
最も深い部分は、最も外側の部分を通して、
それ自身を自由に
表現することができるようになります。

その時そこには、全体性が存在します。
意識の完全性が存在します。
そしてそれは、

あなたがずっと知っていたのと同じくらい
素晴らしいものであり、
あなたがずっと知っていたのと同じくらい美しいものです。
それが、本当の「あり方」です。

――本章は、１９９９年1月12日にカナダのバンクーバーで行われたジョンと聴衆との対話から抜粋したものです。

質問者：私にとって最も正直なことは、地面に穴を掘って、そこに自分を埋めることのように思えます。そうすれば、私は自分の存在のために働くことができます。なぜなら、私は存在するということがどういうことか分からないからです。（そうすれば）自分の存在を裏切ることも、不正直であることも、幻滅を感じることもなくなるような気がするからです……私はどのように存在したらいいか分からないのです。

ジョン：あなたがなろうとしているものは何ですか？　それは何に反応するのですか？　それは何を栄養分にしているのですか、それは何を愛しているのですか？　こうしたことはどれも、**あなた**とは何の関係もありません――あなたはその一部ではありません。我々はただ**それ**について話しているにすぎません。**それ**は何を生きがいにしているのですか？　どうして**それ**は生きているのですか？　何が**それを動かして**いるのですか？

言葉にして言うことには非常に抵抗があります。

あなたは自分の存在を知っていますか？　**あなた**はそれとは何の関係もないので、あなたの抵抗は重要なことではありません。

分かりました、では言います。絶対的な「真なるもの」です。

それらは単なる言葉ではありません――あなたはその味を**知っています**。そうした言葉を使うことにあなたが抵抗を感じる唯一の理由は、それらが非常に頻繁に使われているのをあなたが耳にしてきたからです。人はそうした言葉をよく口にしますが、そこには実在《リアリティ》は全くありません。

あなたに、存在するということがどういうことか分からないと言った時、(私が意味していたのは)自分の存在にどのように場所を与えたらいいのか分からないということです。

あなたの**存在**のあり方に**あなた**のあり方を決めてもらえば、それがあなたの存在に場所を与えてくれます。

その瞬間、瞬間生きている中で、それがどのようにして（起きるのか、どのようにして行われるのか）私には分かりません。

それを知る必要はありません。その瞬間、瞬間で知る、あるいは理解する必要はありません。自分の存在にどのようにして場所を与えるか分かる瞬間、そんな瞬間がそもそもありますか？

これまで何度かそんな瞬間がありました。（でも）自分の存在に場所を与えたのかどうか分からないのです、もしかしたら、それは単なる……、

あなたの存在は、**あなた**の中に場所を作り出すようなことは決してありません。なぜなら、力を持っているのは**あなた**だからです、**あなたの存在**ではありません。あなたの存在の中には、いつも弱いところがあります。あなたの存在は力を持っていません。それは本当であるというただそれだけです。あなたの存在は生きた「真なるもの」として働いていますが、それはどんな力も**使って**いません。

これまで何度かこんな瞬間がありました。自分（が何かの形で関わっている）というよりもむし

ろ、まるでそれが私のところにやって来た贈り物であるように感じたことが。

あなたが自分の存在から何かを与えられるようなことがあったとしたら、その唯一の理由は、あなたの中に、手に入れるというよりもむしろ、受け取ることがあったからです。その受け取ることは**あなたのため**ではありません。受け取ることが存在していたのは、受け取ることが本当だったからです。あなたは、あなたが絶対に本当だと知っているものを与えられたのです。そして、あなたはそれを愛していたのです。あなたは、**自分**よりももっとそれを愛していたのです。

ですから、それを裏切りたくないのです。ほかの人と一緒にいると、自分がそれを裏切ってしまうような気がするのです。でも、一人でいれば、それを裏切る可能性が少なくなります。

自分の存在に対する感受性があって、ほかの人の周りでいつも自分がそれを裏切っているのを目にする時、あなたは、思考や感情、願望や必要性といったあなた自身が作り出したパターンを通して、それを裏切っているのです。ですから、それを裏切ったらすぐに、自分がたった今裏切ったものが何なのかを理解することで、あなたは開かれた柔らかな状態に**なる**ことができます。あなたが自分の存在を裏切ったかどうかは問題ではありません。

問題です。

問題なのは、あなたにとってだけです、あなたが自分自身をそういうものだと思っていることに慣れているあなたにとってだけです。

存在にとっては問題ではないのですか？

ええ、問題ではありません。あなたがそのことを自覚した瞬間に、あなたが、あなたではなく、あなたの存在に応えている限り、あなたの存在にとってそれは問題ではありません。

でも、そのことを自覚したその瞬間には、自分が自分の存在に反応しているのか、自分に反応しているのか分かりません。自分の存在を裏切ったことを知っているだけでは、それに反応していることにはならないでしょう。

あなたが知っている存在のあり方には二通りあります。一つは、閉じて、堅く締まり、収縮し、固まり、主張し、要求し、「No」というか条件付きで「Yes」というあり方。そしてもう一つは、あなたが知っている、開かれていて柔らかで、自分を解き放つ存在のあり方です。それはどんな形にもなり、温かくどんな形にもなり、敏感で、反発しません。あなたが知っている存在のあり方は、この二つだけです。

あなたは存在の一つのあり方が本当でないことをはっきりと知っており、もう一つの存在のあり方が素晴らしく本当であることをはっきりと知っています。ですからあなたは、自分が自分の存在を裏切っているのを目にした時、あなたが本当だと知っている存在のあり方の中に自分自身を移動させることができます。あなたは、きちんとしないといけないという必要性を手放すことができます。もう自分の存在を裏切る人になってはいけないという必要性を手放すことができます。それは、自分が自分の存在を裏切る人間であると自覚することを温かく無条件で受け入れることを、自分自身に認めてあげるということです。

それは難しいです、とても長い間それを裏切っていたので。

あなたのあり方があなたの存在を裏切っているということを温かく受け入れると、ずっと長く閉ざされてきたあなたの感受性がすべて開き始めます。あなたはもう、自分自身に辛く当たることはなくなります。その時に何が起きるかといえば、あなたの心《ハート》がにわかに姿を現し始めるのです。というのも、あなたが自分の存在を裏切ってきたことをあなたの存在がとても優しく受け入れているのを実感するようになるからです。あなたの存在はただ、最も深いところからあなたの意識の中を通って出てきて、どんなものでもいいから、あなたと一緒に**いる**ための場所を持つのを心待ちにしているだけなのです。あなたが自分の存在を裏切ってきたという事実はあなたの存在にとって問題ではありません。あなたの存在は**あなた**の場所を邪魔しないようにずっと存在していますし、あなたが自分の存在に何をしたかは問題ではないのです。

その存在は壊れやすいものではないですか？

あなたの最も深い部分は壊れやすいものではありません。あなたの最も深いところにある存在が**本当のあなた**という意味で形になっているところ、それは壊れやすいものです。本当のあなたは、あなたの人生を生きる機会をほとんど与えられてこなかったからです。

あなたが自分の存在を裏切ってきたとはっきり自覚しているのは、素晴らしいことです。それは、あなたがそのことを完全に招き入れた時にすべてを溶かしてしまうような自覚です。あなたが自分の存在を裏切ってきたという自覚を完全に招き入れたとしたら、それは、**あなた**をあなた自身の存在と同じくらい優しくしてくれます。それは、**あなた**をあなた自身の存在と同じくらい穏やかにしてくれます。そして、**あなた**は、まるで**それ**と同じようになります。その時**あなた**は、**あなた**の代わりに、**それ**になっているのです。その時あなたは、あなたが慣れ親しんでいるあなたではなく、本当のあなたになっているのです。ただ、それは、あなたが考えるような、あるいは感じるような方法では起こりません。

「真なるもの」そして本当のあなたという意味から言えば、自分の思考や感情を当てにして何が起こっているのかを自分に教えてもらうことは決してできません。あなたの思考や感情は、あなたの案内役にはなれないのです。ですからあなたは、意識として、自分自身を知ることや何が本当であるのかを知るために思考や感情を信頼するのを放棄するようになります。「真なるもの」を知っているということが思考や感情より先に来るからです。「真なるもの」を**知っている**ということが思考や感情によってもたらされることはありません。しかし、「真なるもの」を知っているということを、思考や感情を通して**表現する**ことはできます。

思考や感情が存在しない時、そしてただ白紙の状態しかない時……無の状態しかない時……それは「真なるもの」のための一種の空間ですか？

思考や感覚は存在していないけれど、あなたの精神《マインド》でも感情でも直感でも理解できない、あるいは識別できない温かで満たされた満足感を与えてくれる場所がある時、あなたは、意識として、外側の静けさの状態にいます。たまたま、あなたの表層の乗り物の中に識別できる動きが全くないような**外側**の静けさの状態にいる時があるかもしれませんが、それは単に、**内側**の静けさが表層の乗り物の中を通り抜け、外側でそれ自身を表現しているだけです。
あなたは、その同じ内側の存在の静けさを、自分が作り出した精神的、感情的、直感的、意志的な行動パターンのさなかでもそこに存在させることができます。**内側**の静けさの場所、あるいは**内側**の存在のあり方は、どちらの状況でも同じです。しかし、外側に混乱がある時は、その静けさは、どちらかというと、自分の周りで外側の動きが起きているさなかにあっても、**行動する必要はない、そこから逃れる必要はない**という内側の状態に近いものです。

私の場合は、どうしても完全に燃え尽きてしまいたいと思ってしまいます。

あなたの存在のためですか？　それとも痛みを和らげるためですか？

私が完全に燃え尽きれば、私の存在にはもっと多くの可能性が出てきます……。

あなたの最も深いところにある存在が、**あなた**がいるかどうか気にしていないとしたらどうしますか？　あなたが**あなたを信頼して**いないのであれば、**あなた**がいるかどうかはあなたの存在にとって問題ではないとしたらどうしますか？　あなたがあなたを信頼していないのであれば、あなたの存在にとって、**あなた**がいるかどうかは全く問題ではありません。もしあなたが、自分の存在が居場所を持てるように、あなたが作り出した**あなた**が燃え尽きることを望んでいるとしたら、それはあなたの存在を悲しませることになるでしょう。なぜなら、あなたの存在はそれを望んでいないからです。あなたの最も深いところにある存在は、あなたが燃え尽きることで成長するわけではありません……それは、あなたが**あなた自身を手放す**ことによって成長するのです。

しかし、燃え尽きるものがどのみち全部本当でないとしたら――そもそもそれは価値のないものとして話されていますし――、それが燃え尽きるかどうかは何の意味もないわけで、それはどうでもいいのではないですか？

それには意味があります。その意味とは実は**あなた**です。力を持っているのは、選ぶ権利を持っているのは意識のその部分です。あなたの最も深いところにある存在には選択する権利はありません。

私は自分の存在に選択権を与えることはできないのですか？　私は自分の存在にその選択権を与えたいがために、ここにいるのだと思っているのですが。

そしてあなたは、あなたが慣れ親しんでいる**あなた**をただ消し去ることができれば、自分の存在にもっと居場所を残せると思っているのではないですか？　そんなことをしても、居場所が増えるわけではありません。その時は、意識のその部分、あなたが作り出し、あなたが慣れ親しんでいる**あなた**をひたすら**自分だと思い込んでいる**選択権の所有者――意識のその部分も消し去られてしまいます。そうなったら、あなたの最も深いところにある存在は、**存在する**ためにどこに行けばいいのですか？　その存在には、表現するための場所がなくなってしまいます。

あなたは意識を消し去ることはできません。しかし意識は、あなたがそうだと**思い込んでいる**が実際にはそうではないと**知っている**あなたを信頼するのをやめることができます。起きる価値がある唯一の燃え尽き方は、あなたが**信頼してきた**ものを焼き尽くすことです。そうすれば、そこで消え去るのは、古い信頼の仕方だけです――本来あるべきではない信頼だけです。消え去るのは、精神的、感情的な体あるいは乗り物が自分自身を映し出すある種の信頼できる鏡だと信じている意識だけです。しかし、そこに映っているのは自分自身ではありません。意識が見ている映像は、思考や感情が映し出された姿です。ですから、表層の体あるいは乗り物を消し去るということではないのです。

あなたが「表層の体」と言う時、肉体的なものを意味しているのではありませんよね。

私が言っているのは、幻想を焼き尽くすということです。あなたが失うのは、焼き尽くされるのは、あなたが**知っている**こと以外の何かが何が本当であるのかを教えてくれると信じるという、本来あるべきではない信頼です。あなたが正直であれば、あなたは、その知っていること以外のどんなものも、何が本当であるかをあなたに教えられないことを知っています――それがあなたに教えられるのは、あなたが考えたり感じたりしていることだけであることを――。ですから、あなたは今、あなたの表層の乗り物の中で考えたり感じたりしていることが、何が本当であるのかを自分に教えてくれると信じる代わりに、あなたが今本当だと**知っている**ごく小さなことを信じ始めることができるのです。

その最も簡単な「知っている」は、開放することや穏やかになることや手放すことを「知っている」のです。あなたが、自分が内側で何かにしがみついているのが分かっている時は、その簡単な「知っている」は、ただそれを手放せばいいのを「知っている」のです。それがあなたにどのように感じさせるかは問題ではありませんし、あなたが何を考えているか、何を経験しようとしているか、何を体験しようとしているかは問題ではありません。そうしたことすべての中で、あなたが**知っている**のは、それを手放せばいいということです。

私は、あなたが「それは……簡単です」というのも聞いたことがあります。

あなたは自分の精神によって手放す必要はありません。精神を使うと、それはとてもとても難しくなります。

それは精神によるのではなく、感情によるのではなく、意志あるいはそこにあるほかのどんなものによるでもない。ということは、それは何か……、

それは**あなた**によって行うのです。手放すことができるのは、意識としての**あなた**だけです。そして意識は、それをするために精神や意志を必要としていません。意志は助けになりません。手放すために、意識が意志を当てにしていたり、使ったりしている時は、意識が手放そうと**努力している**ということです。意識は、手放すために**意志を使うという必要性**を手放すことができます。その時、最初に手放すのは、**「しようと努力する」**ことです。

意識は、私が手放したいと思っていることを知らないのですか?

でもいいですか、あなたがその意識なのです。意識で**あるのはあなた**なのです。意識は、あなたの中にしまい込まれてアクセスできないように見えるものではないのです。あなたがそれ

なのです。そして意識は、正直になることができます。そうすれば、それは自分自身のことが分かりますし、**知る**ことができます。

意識は不正直になることもできます。意識はこんなふうに言うことができます。「本当であるためには、これこれが必要だ」と。そして、意識が願望や必要性を招き入れるとすぐに、その意識はあらゆる表層の乗り物やあらゆる資質の中になだれ込み、自分が欲しがっているもの、必要としているものが何であれ、それを作り出す手段をかき集め、内側でそれを生じさせます。するとあなたは、本当のように**見える**ものを持つようになります。意識としてのあなたにとって、それは本当のようにしか**見えなく**なります。

しかし、それは思考や感情だけに基づいた現実でしかありません。意識のその不正直さは、ほんの少しでも落ち着いたり、穏やかになったりすることが許されると、すぐに本当のように**見える**その現実が空っぽであること――そこに全く深みがないこと――に気付き始めます。そこには本当に何もないのです。思考や感情はありますが、その中には**本当の**ものは何もありません。**存在の響き**は何もないのです。あなたの意識の最も深い部分が立ち上がって、反応するものは何もありません。なぜなら、意識の最も深い部分は、意識の最も外側の部分の、**同じ存在のあり方**をしたものにしか反応しないからです。

ですから、あらゆる力を持つ意識の最も外側の部分が、何かが本当であるかとか、あるいはあってほしいという信念や願望や必要性にしがみついていると、その外側の部分には、意識の最も深い部分とは違う存在のあり方が生まれるようになります。そして、最も深い部分が、最も外側の部分が今しがみついているものに関わることはありません。なぜなら、そのしがみついた状態の存在のあり方は、あなたの最も深い部分のあり方である開放された状態や柔らかさといった存在のあり方とは違うからです。

手放すことが存在するようになるとすぐに、そして、あなたが慣れ親しんでいる**あなた**である、あらゆる力を持つ意識の最も外側の部分が正直になり始め、自分が握りしめているものが本当はそうする必要のないものだと気付き始めるとすぐに、それは手放すことを始められるようになります。ほんのわずかな動き、小さくて一見したところ目に見えないようなしがみつきや握り締めを和らげることによって、意識の最も深い部分からの反応が引き起こされ、その和らいだ状態に意識の最も深い部分が加わり、それに加勢するようになります。そして、それは傷を癒してくれる軟膏のようなものです。

その時それが何をやるかと言えば、意識の最も外側の部分にもっと道を譲るように促すのです。意識の最も外側の部分は、今の状態を続けるように、手放して柔らかになるように最も深い部分にせがまれます。そして、そのような開放された状態や柔らかさが多くなればなるほど、最も深い部分が意識の最も外側の部分で今起きている存在のあり方に関わる場所が大きくなります。最も深い部分と最も外側の部分との間で完全な**意識の統合**が可能になるのは、完全な、汚れのない手放しがある時、その時だけです。その時は、意識が実際に一つの統合された全体として生きて、機能しています。あなたは、最も深い部分へと奥深く分け入ることもできますし、最も外側の部分へとずっと外側まで行くこともできます。そして、意識の最も深い部分と最も外側の部分の間で存在のあり方が同じになります。そこには分離はありません。一方と他方との間に異なる存在のあり方はないのです。

あなたが、そして意識の最も外側の部分が、その外側の部分が最も深い部分を裏切ってきたと自覚していることを、自分自身に温かく受け入れさせた時は、柔らかさと開放が起こります。意識の最も外側の部分が何かをはっきりと理解することによって、穴が開けられるのです。そのような穴が開けられた状態では、しがみつくことがうまく行かなくなります。壊れた状態、栄養分と癒しを与えてくれる素晴らしい壊れた状態が意識の最も外側の部分で起こります。そこでそれがはっきりと理解し始めるのは、自分が何をしているのか、どんなあり方だったのか、最も深い部分に対してこれまで何をしてきたのかということです。

そこで起きているその壊れた状態は、柔らかさの新しい流れです。それは、古いものの中を流れる新しさです。自分は自分自身の存在を裏切ったことがあると思って、形はどうあれ、あなたが少しでも自分に辛く当たるとすぐに、そのことがまたあなた自身の存在を裏切ってしまいます。自分自身に辛く当たることが自分の存在を裏切っているのだと自覚したあとで、自分自身に辛く当たるとすぐに、あなたはまた同じことを繰り返してしまいます。あなたがただそれを**手放し**さえすれば、あなたの存在はそんなことで問題を抱えたりはしません。あなた自身の存在がそれを受け入れているのと同じように、あなたが自分自身の存在を裏切ったことを受け入れさえすれば、あなたの存在は、そんなことで問題を抱えたりはしないのです。

あなた自身の存在は、あなたが自分自身の存在を裏切ったという事実にしがみついたりしません。それは、腹立たしさや苦々しさの中では機能しないのです。あなたの存在は、「手放した状態」なのです。それは全く課題を持っていません。最も深い部分は、最も外側の部分が自分にどんな仕打ちをしたかを問題にしたりすることは決してありません。何かに**しがみつく**ことは決してありませんし、**抵抗する**ことも決してありません。そして、あなたが何かで自分自身を責めているとしたら、あなたは、あなたの最も深い部分がしていないことをしているのです。ですから、あなたは、自分が本当だと知っている唯一のやり方で、それを温かく手放すことができます。自分が自分自身の最も深い部分を裏切ったこと、自分自身の存在を裏切ったことを温かく受け入れることができるのです。

温かく受け入れるとか温かく手放すというのは、認識のようなものです――それらは自然とやって来るものです。それ以外のやり方では、どのように受け入れたらいいのか分かりません。

あなたは、どのように受け入れたらいいのか分からないということを温かく受け入れることができます。「受け入れること」は、存在の一つの機能です。あなたが「受け入れること」を選び、それを精神的な構造物あるいは感情的な構造物によって制限しようとしたとたん、あなたには考えが残され、あなたはその考えを取り入れ、「受け入れる」という**考え**を**実行**しようとします。それはうまく行きません。あなたが表層の乗り物の中で「受け入れること」を自分と関係づけたとたん、あなたが関係づけたものはどれも、あなたが組み立てた構造物になってしまいます。それは、精神と感情を通して見ている意識にすぎませんし、そうした意識が作り上げた、「受け入れること」のように**見える**ものに関係しているにすぎません。そして、それが作り上げた、「受け入れること」のように見えるものはどれも、決してうまく行きません。「受け入れること」は、本当の存在のあり方の自然な状態です。それは、あなたがそう**できる**ことでなく、**そのようにしておける**ものなのです。

意識が表層の乗り物の中で握りしめているものを解き放つと、意識は表層の乗り物と自分とを同一視することを手放し始めます。意識が、しなければならないという状態から離れること、何かであろうと奮闘したり努力したりする状態から離れることを自分自身に許すと、その離れた安らいだ状態の中で**残る**のは、「受け入れる」という存在の機能です。何かをしなければならないという状態から離れることは、意識の癒しです。その安らいだ休息の中で起きることは、育むことです。最も深い部分から現れるものによって、意識それ自身が育まれるのです。

意識は、精神的な構造物あるいは概念によって育まれるのではありません。それは、感情によって育まれるのではありません。それは、健康という肉体的状態によって育まれるのでもなければ、平和や愛、喜びといった感情によって育まれるのでもありません。意識は、平和や愛、喜びを持たなければならないという必要性や、存在――それ自身の最も深い部分――を喜ばせようとする努力を最終的に手放した時に、初めて本当に育まれるのです。意識が最終的にそれらをすべて投げ捨て、求めることをやめ、することをやめ、努力することをやめ、ただあるがままでいることに満足する時に、育みが起きるのです。

意識がただあることに満足すると、たとえそれが全くの失敗だと思ったとしても、その時起きるのは、いつかそれを変えなければならないと思うことなく、今はずっとその失敗のままでも大丈夫という温かな無条件の満足です。最も外側の部分に最も深い部分と同じでいることを認めるのは、そのような失敗の中にあっても大丈夫であるという「受け入れ」です。最も外側の部分が失敗したとしても、最も外側の部分がそのことを大丈夫と思っている限り、最も外側の部分がそれを変えようとしていない限り、最も深い部分は、最も外側の部分が失敗しているかどうかは気にしません。最も外側の部分が何かを変えることはできません。本当の変化は、最も深い部分からしかやって来ないのです。最も外側の部分にできることはただ、何であれ、それを**そのままにしておく**ことだけです。もし最も外側の部分が何かを変えようとしているのなら、それは、そうする能力がないことをしようとしているのです。

本当の変化は最も深い部分から来るとおっしゃいましたが、その点についてもう少し詳しく話していただけませんか？

信念体系や道徳的な構造を用いたり、情報や概念、理想を用いたりして、自分自身の現実を作り出している時、あなたは意識の最も外側の部分として、本当ではない現実を生きています。そこで何が起きているかと言えば、あなたは意識の最も外側の部分として、自分自身を**自分が望む姿にする**ために、自身自身をねじ曲げ、歪めているのです。あなたが意識の最も外側の部分として、ねじれや歪みの状態に入っている時、あなたは自分自身を傷つけ、損なっています。自分自身をあなたではないものにしようとしているのです。そうした外側の意識が歪んだ状態に自分自身をしばりつけていると、最終的にそれを手放し、完全に手放してあるがままで大丈夫になった時も、その歪みは残ります。それはすぐにはなくなりません。あなたがそれをその状態であまりにも長く持ち続けていたために、歪みのパターンが動かずにじっとしていて、元の状態に戻らないのです。このように、最も外側の意識として、あなたは実際に自分自身を傷つけてしまったのです。

その歪みが決してなくならないとしても、それが決して癒えないとしても、ただあなたの存在のあり方が実際に本当であるものに戻りさえすれば、歪みそれ自体が残ったままでも、それは問題ではなくなります。あなたの最も深い部分、意識の最も深い部分は、その歪みを何とも思っていません。最も深い部分、あなたの本当の存在にとって、歪みがあることは問題ではないのです。意識の最も外側の部分が本当である**存在のあり方**に戻りさえすれば、歪みがないことも同様に問題ではありません。その時は、最も外側の部分と最も深い部分が、その歪みの**中を**一体となって流れることができるからです。その歪みの中を動くのは、汚れのない状態、意識のきれいな流れです。歪みが決して癒えないとしても、決して変わらないとしても、それは全く問題ではないのです。

しかし、たまたま歪みが癒える、変化することがあります。意識の最も外側の部分が開放され、本当である存在のあり方に戻ると、そのことで意識の最も外側の部分は、歪みが残ったままでも、本当の静けさや安らぎの状態に置かれます。この時、意識の最も深い部分が流れる余地が生まれます。最も深い部分が加わって、それが最も外側の部分と一緒に反応し、一番内側から一番外側までずっと通して動きます。その流れが進むと、それが歪みを癒します。歪みは、歪みのない最も深い部分から来るものとぴったりと一致し始め、それに従うようになります。

最も深い部分の意識のそうしたきれいな流れが最も外側の部分を通って動けるようになると、歪みは癒え、歪みのない状態に戻り始めます。それは再び生き生きとし始め、元の歪みのない状態に戻り始めます。最も深い部分は、最も外側に歪みがあるかどうか気にしていません。最も外側の部分のどんな変化も、最も深い部分がただその中を流れることによって起こります。しかし、最も外側の部分が、今ある状態を嫌がっていて、それを変え**よう**とか、あるいは「歪め**よう**」とかすると、癒しがただ**自然に起きる**ようになるどころか、それがかえって歪みをひどくしてしまいます。

自分がしたことをあなたが温かく無条件で受け入れるようになるまで、傷が修復されることはありません。あなたは、それを修復する必要はありません。何かを変える必要はありません——ただ、あるがままに受け入れるだけでいいのです。それで十分です。あなたの最も深いところにある存在をまるごと満足させるだけで十分です。自分がやったことを温かく無条件で受け入れることで、**何の努力もせずに**傷を癒すことができます。意識の最も外側の部分でそうした単純な「受け入れ」を行うことは、最も深い部分にとってとてもうれしいことなので、最も深い部分はそれに応えて動き、それに関わることに抵抗できないのです。その時、愛が起こります。

そして愛は、最も外側の部分にできることではありません。平和は、最も外側の部分にできることではありません。最も外側の部分は、素晴らしく受け入れること以外、何もできません。本当の**行い**はすべて、最も深い部分からやって来て、ずっと外側まで表現されます。最も外側の部分がそれをしているように見えるのです。しかし、最も外側の部分が正直になると、自分がそれをやっているのではないことが分かります。それはただ受け入れているだけなのですが、**外から見ると**、最も外側の部分が今起きていることをやっている**ように見える**のです。起きていることは、本当は最も深いところから生まれた**存在の果実**なのです。それは、最も外側の部分から生まれているのではありません。そのように、最も外側の部分はただ素晴らしく最も深い部分に道を譲っているだけで、最も深い部分が最も外側の部分を通して自分自身を最も素晴らしく表現しているだけなのです。それが、分離のない全体性の状態で生きている意識です。

その時、意識は、最も外側の部分が本当は何のために存在しているのか、最も深い部分が最も外側の部分を通してどのように**動く**のか、最も外側の部分が自らを通して最も深い部分が動くためにどのようにして**道を譲る**のかに気付き始めます。意識は一つの全体として、どのように生きるのか、どのように流れるのか、どのように機能するのか、それらすべてを本当である、努力を必要としない方法でやるにはどうすればいいのかを実際に**はっきりと理解**し始めます。意識が、実際に自分自身を統合し始めるのです。

その時、意識は成長しています。発達し、拡大しています。自分が何であるのか、何が本当なのかを知っているだけでなく、本当である方法で**どのように**それをするのかを実際に学んでいます。意識がこのように成長している時、**本当の**意識が起きている時、意識の**正直さ**が起きている時、その時に**実在**《リアリティ》が起こります。その時、最も深い部分から最も外側の部分までずっと、この人生のあらゆる面で表現される本当の人生が起こります。それが、我々がここにいる目的です。

あなたが、精神の中で何が起きているのかは問題ではない、私たちが精神の中で懸命に理解しようとしているかどうかは問題ではないとおっしゃるのは分かりました。

意識の本当の正直さというのは、意識が手袋のような精神の乗り物の方に手を伸ばして、その手袋を使って何かをつかもうとするのとは違います。その場合は、実際には意識が手袋を**使って**何かをつかもうとしていて、そうすることを手袋の**せいにしている**のです。

手袋というのは誰のことですか?

手袋というのは精神的な乗り物のことです。そして、我々は何でもかんでもその手袋のせいにします。しかし、その手袋がやっていることはどれも、**本当に**やっているのは手袋それ自体ではなく、手袋の中にある意識あるいは手です。問題は手袋ではありません、精神ではありません。非難されてもしかたがないのは、表現の乗り物の**中にある**意識の不正直さだけです。

精神の中でそれが起きていないとすれば、それは意識の中で起きているのですね……。

そこには落とし穴があります。手のような意識が精神の手袋の方に手を伸ばして、本当ではないあり方で**行動し**始めると、その手袋の中に振動パターンが定着するようになります。意識が手として、自分が望むものを**得よう**としてその手袋を使い、自分が実際には本当ではないと知っているあり方で**行動しよう**とすると、そのたびにそのパターンが強化されます。思考という振動パターンが、精神の乗り物の内側で定着するようになるのです。すると、意識としての手が実際にくつろぐようになった時や、**存在する**ために何かを**したり**、**望むものを得る**ために精神を**使ったり**することをもはやしなくなる静寂の場所にやって来た時も、作られたその振動パターンは起こり続けます。

そして、意識がくつろいでいる間、精神を通して**存在する**ために何かを**する**のをやめている間も、振動するパターンはまだ続きます。それらは、意識それ自体が精神の中に築き上げたものと同じパターンであり、今は勝手に振る舞っているのです。その振動が続いているのです。そして、その振動が続くために使われるエネルギーを与えているのは、あなたの周りの状況や人々です。それらがあなたの中の古いパターンにエネルギーを与えていて、それらが、正直に言えば本当は自分にとって重要ではないと分かっているものを、自分にとって重要であるものにしているのです。それらは、**それら自身の**パターンを使っています。それら自身の感情的、直感的、精神的、意志的、物理的な乗り物を通して、手を伸ばしています。そして、**あなたの**表層の乗り物の中に**現れている**、意識としてのあなたが関わっていることにエネルギーを与えているのです。そのことが、あなたの表層の乗り物の中であなたが設定した振動パターンに再びエネルギーを与えているのです。そして、あなたが意識として安らいだ状態で、本当に「大丈夫」だと感じる場所にいたとしても、あなたの精神は、あなたが設定したその同じ振動パターンに戻ってしまうのです。

その時あなたは、しがみつくという精神的な経験をします。たとえ意識としてそうしていなくても、しがみつくという感情的な経験をします。意識としては安らぎや「大丈夫」な場所にいるかもしれませんが、あなたの思考やあなたの感情は、「大丈夫ではない」という振動パターンの中で再びエネルギーを与えられてしまいます。そして、あなたが思考や感情を使って何が起きているのかを自分に教えるとしたら、それらはあなたに、あなたはしがみついているのだと教えるでしょう。あなたが自分の思考や感情を信頼していれば、意識としてのあなたもそうした思考や感情とぴったり合わさり、しがみついているというその振動パターンと同じやり方でしがみつくようになります。そして、あなたはそのパターンと一つになります。

あなたが、自分がしがみついていることを温かく受け入れ、自分がしがみついているのだと実感していることに安らいだ状態になるとすぐに、そのパターンはそのあり方のまま続きますが、**あなた**はそのパターンに加わらないようになります。しがみつくというパターンは続きますが、意識としてのあなたは、それを手放すようになります。それは、精神あるいは感情の中でそれ自身を表す、単なる繰り返しのパターンにすぎなくなります。そして、それにエネルギーを与えているのは、あなたの外側にある何かです。誰かほかの人の「大丈夫じゃない」が、意識としてのあなたが設定した「大丈夫じゃない」というパターンにエネルギーを与えます。そしてそのことは、そうしたパターンが触れられた時にも**大丈夫でいるための**、あなたの最も身近な**機会**になります。

あなたが実際に「大丈夫」な場所にいる間に、こうしたパターンがあなたの外側の何かによって触れられ作動させられた時にも、あなたは、そのパターンの中でそのまま開かれた柔らかな状態で温かく安らぐことができます。そのようなパターンが作動するのは、実際にはあなたの外側で起きる何かのせいではありません。なぜなら、その何かは、あなたが自分の精神的な乗り物にそう動くように教え込んできたあり方にただエネルギーを与えているだけだからです。あなたは、自分自身の感情的な乗り物にそのように反応するよう教え込んできたのです。意識として誤って教え込んできたのです。自分の表層の乗り物のすべてを誤って教え込み、誤って使ってきたのです。それらは、あなたが教えたように反応し続けます。そしてあなたは、そのことをあるがままに温かく受け入れる**ようになります**。

あなたの最も深い部分から来る流れが、最も外側の部分を通してそれ自身を動かし、表現するのを許された時、そしてその流れが、あなたが自分の精神的、感情的な乗り物の中に定着させた古いパターンに触れたとたん、それらの乗り物はその流れと一つになり始めます。それらの乗り物はそこから学びます。そして、古いパターンはゆっくりとほぐれ始め、最も深い部分から来るパターンと入れ替り始めます。「真なるもの」のパターン、本当である存在のあり方と。

時間とともに、意識の最も深い部分と最も外側の部分の間に融合が生まれるだけでなく、その融合があなたの表層の乗り物を通り抜けて実際に姿を現し始めます。表層の乗り物も、最も深い部分と最も外側の部分と同じようになります。そうすると、**形の上でも意識の融合**が現れるようになります。それには時間がかかります。ですが、最も深い部分と最も外側の部分の間の実際の意識の融合には時間は全く必要ありません——ただ完全に手放すだけでいいのです。

手放すことについて私が自分の中で感じていることは、あなたが英国におられた時は、私の中に一種の無邪気な開かれた状態があったということです。

純真さです。

そして、ある種の手放しです。そして、その（手放し）は、カナダに戻ってからは、葛藤のようになってしまいました。締め付けられるような感じがしていますが、でも大丈夫です。

それは素晴らしく大丈夫です。それがどれほど素晴らしく大丈夫であるかあなたがはっきりと理解すれば、あなたはすぐに、あなたの中で再び開かれたのと同じ場所に戻るようになるでしょう。あなたは英国で、あなたの最も深い部分と再会していました。そして、それがあなたにとってあまりにも素晴らしかったために、あなたは内側であらゆるものをひたすら振り落としていたのです——しがみついていたものをすべて。あなたは内側で開かれ、柔らかくなっていて、残っていたのは、この思いを寄せる流れだけでした。あなたは、あなたがずっと本当だと知っていたものに再会していて、同時に非常に心を動かされていたので、あなたの中でそれが本当に起きていたのです。美しい本当の反応だけがあったのです。最も深い部分からはるばるやって来て、最も外側の部分の中を動く表現が存在していたのです。そして、その根源からずっと外側まで至る存在の実現を体験していたのです。

その後あなたはカナダにやって来ました。内側で引き寄せるものがあったからです。あなたは、あなたが私の中で出会っていた存在のあり方が、あなたの中にずっとあったものをあなたの外側で意識としてのあなたに再び教えてくれたことを知っていました。あなたはそれがそこにあるのをずっと知っていましたが、それにアクセスするためにあなたが試したことはどれも、ただ問題を悪化させるだけでした。英国では、意識としてのあなたと、意識としての私のあり方との間で存在の結び付きが起こりました。あなたは私を通して、あなたが本当はずっとそうだったものと再会したために、それが引き寄せる力をもたらしたのです。

しかし、意識の最も外側の部分は、その部分が考えたり、感じたりするものを信頼することに慣れています。ですから、英国で経験したことがずっと続くと思って、カナダにやって来たのです。その経験とともに生じた概念、思考や感情に基づく期待という概念とともにカナダにやって来たのです。つまり、荷物を詰め込んだ状態でやって来たのです。そして、目覚めが続くと期待していた場所にやって来た時、あなたは、自分が努力することや奮闘することでいっぱいになっていることに気付いたのです。そして、かつてははるか彼方にあった状態に非常に近づいていたために、いつの間にか苦痛を感じていたのです。あなたはその状態に非常に近づいていたのですが、とても奇妙なことに、そこに到達することができなかったのです。その時、あなたの思考や感情から見ると、あなたは以前より悪くなっていたのです。

そんなことがありえるのでしょうか？

あなたは悪くなっている**ように見える**だけです。しかし、あなたにそう言っているのは、思考や感情にすぎません。あなたが聞いているのは、あなたの古いパターンにすぎません。あなたは、何が起きているのかをその古いパターンに教えさせているのです。あなたがこれらのパターンに耳を傾けている間は、そこに何かがあるように聞こえます。それは本当であるように**聞こえ**ますが、それは、あなたが実際に本当だと**知っている**ものとは違います。

あなたは英国で目覚めを体験したために、そのことであなたが足を踏み入れてしまった複雑な結び目があります。その時その目覚めが何をやったかと言うと、目覚めのエネルギーがあなたのパターンの中を動いたために、それらのパターンがすべて最高潮の状態に引き上げられたのです。目覚めほど、こうしたパターンを強く動かすものはありません！　ですから、これらのパターンはすべて、それまであったどんな結び目よりもほどくのが難しい強力な結び目になったのです。しかし、その強力な結び目も、温かく無条件で大丈夫であることを許されれば、本当に大丈夫になります。そうすれば、最も深い部分から来る流れが、その非常に複雑な結び目を通して動くようになります。そして、何の努力もせずに、存在するために何かをすることなく、すべてがほどけ始めます。

私がちょっと大丈夫でないのは、まるで自分が英国で持っていた純真さをなくしてしまったように感じることです。

純真さをなくすことのどこがいけないのですか？　そもそもそれはあなたのものだったのですか？　純真さはあなたの最も深い部分から来ていたのです。それが最も外側の部分で自分自身を表現していたのです。それがあなたに純真さの経験を与えていたのです。あなたは、自分が純真であることを実感していましたが、それはあなたのものだったわけではありません。それは最も深い部分から来ていたのです、最も深い部分に属していたのです。そうした表現がされなくなったとしても、それは、どこかに行ったとたんに嘆き悲しむような、あなたのものではないのです。それがあなたに属したことは一度もないのです。

では、それはなくならないのですね。

たとえそれがなくなったとしても、それはあなたが気にすることではありません。あなたが嘆き悲しむことではありません。なぜなら、それがあなたに属したことは一度もないからです。それは、あなたの最も深い部分の純真さだったのです。あなたは、自分が英国で実感し、再会した純真さを表面的になくしてしまった**ように見える**ということを、とても、とても優しく受け入れればいいのです。それがどこかに行ってしまったとあなたが思っていた何年もの間、それがあなたに属していたことも、あなたのものだったことも一度もありません。あなたが本当である存在のあり方に戻った時にはすぐに、純真さが戻って来ました。しかし、それはあなたのものだったわけではありません。それはただ、意識の最も深い部分が完全な純真さであるその本当のあり方を表現するための場所が、意識の最も外側の部分にあっただけです。あなたは純真さを**再体験していた**のです。その純真さを再び経験していないことについて、あなたが素晴らしく大丈夫になれたら、その時はあなたの最も深い部分が、純真さというそのあり方を再び表現する場所を持つようになります。

本当である、あるいは真実であるもので、なくなるものは一つもありません。あなたは実在《リアリティ》を傷つけることはできません。なぜなら、あなたの最も深い部分は実在《リアリティ》で出来ているからです。それがそれなのです。そして、最も深い部分は腐敗したりしません。それを汚すことはできません。それを歪めることはできません。最も外側の部分が、ただ穏やかな気持ちになるために平安を手に入れようとするというような不純な動機を持って、最も深い部分に手を伸ばそうとすると、その瞬間に、最も外側の部分は最も深い部分と違った存在のあり方で機能してしまいます。そのような不一致が起きると、最も外側の部分は真実であるという能力を失ってしまいます。それが本当の平安を見つけることはありません。その状態では、最も深い部分が本当に何であるのか識別することさえできません。

最も外側の部分が手を伸ばしていると**思っている**最も深い部分のどんなところも、それが**本当に**手を伸ばしているのはすべて観念です。そして、最も外側の部分にできる最善のことは、意志という表層の乗り物を使って、この観念にエネルギーを加えることであり、その観念を頑張って試してみることです。それによって最も外側の部分が最も深い部分と呼ぶ構造が作り出され、すべてを手放し、明け渡すことによって、最も外側の部分はその最も深い部分と呼ぶ構造に手を伸ばすよう試みることができます。しかし、うまく行くようなごまかしは存在しません。策略はうまく行きません。これは避けられないことです。

最も深い部分にアクセスできる最も外側の部分の唯一のものは、本当である**存在のあり方**だけです。最も外側の部分の存在のあり方が最も深い部分の存在のあり方とぴったりと合わさると、最も外側の部分は、何の努力もせず、試みることなく、どのような概念や構造物もなく、最も深い部分の中に住むための自由なアクセスを持つようになります。その時、最も深い部分は、最も外側の部分を**通して**それ自身を表現するための自由なアクセスを持ちます。その時そこには、意識の全体性と完全性が存在します。本当の平安が存在します。それは本当にこれほど簡単なことなのです。そしてそれは、あなたがずっと知っていたのと同じくらい素晴らしいものです。あなたがずっと知っていたのと同じくらい美しいものです。

あなたが本当である**「真実のあり方」**と再会するようになると、それは赤ん坊にもできるくらい簡単です。「真実のあり方」と再会するようになったとたん、あなたはそれを愛するようになります。あなたがそれを愛したとたん、自分がこれまで試みてきたそれ以外のあらゆるあり方に対する非常に温かな不信、恐ろしいほどの不信が生まれます。そしてあなたは、自分がこれまで一つにまとめてきたあり方、自分が試し、推し進め、組み立て、一つにまとめてきたあり方をすべて手に取り、不意にそれらをひたすら手放すようになります。あなたのすべて、あなたの存在の核心部分から来るあなたのすべてが、あなたが昔から全くその通りだ、実に簡単で、全く正しいと知っていた存在のあり方に反応するようになります。

あなたが本当だと**考えていた**、あるいは**感じていた**存在のあり方に対する温かな不信が生まれます。その温かな不信は、こんなふうに感じられるでしょう。それは簡単に手放せるし、もはや**自分に**とって役に立つあり方ではない、と。この時再び呼び覚まされるのは、「真なるもの」に対する**本当の**愛、本当である存在のあり方に対する愛、あなた自身の最も深い部分の存在から生じるものに対する最も外側の部分の愛です。そのような愛がある時は、あなたの最も深い部分から最も外側の部分に向かっても同じことが起きます。最も深い部分から最も外側の部分までずっと、愛が湧き上がるのです。その流れも同じです。その時、存在の一体性が生まれます。**あなたは、あなたがそのために力を尽くしているその存在になっているのです。**あなたの存在のあり方がそれと同じものになっている時、あなたはそれになっているのです。あなたは存在になっているのです。

というのも、何かのしがみつきがあったり、願望や必要性を実践したり、体現したりするある種のコントロールが行われたりする間は、あなたは存在ではないからです。その時あなたは、本当はそうではないものであるように演じ、装っている存在だからです。あなたは幻想を生きているのです。そして、その幻想は痛みを伴います。

道に傾倒することが、私の最も大きな幻想の一つであることがはっきりと分かりました。それが自分であると思ってしまうからです。

そして誤った期待です。目覚めが続いてほしいという誤った期待、平安が続いてほしいという誤った期待です。あなたが、目覚めや平安をもはや必要としなくなった時、その時に目覚めが続くのです。しかし、その時あなたは、最も素晴らしく愛着を持った状態にあります。その時あなたは、あなたが実際に本当だと知っているものだけに、この上なく素晴らしく最高に愛着を持ちます。

それは存在に**対する愛着**です――本当の中毒です。その時は、最も外側の部分がすっかり手放され、ひたすら最も深い部分に落ちて行くことに中毒になります。最も外側の部分がひたすらそれ自身を明け渡し、それ自身を手放し、最も深い部分に真っ逆さまに落ちて行くのです。その時は、最も深い部分が、どんな形であれ、それ自身を表現するように動かされるままに最も外側の部分を通して自由に流れることができます。本当の中毒が起きている時は、最も外側の部分が最も深い部分に自らを明け渡し、そのために力を尽くすことに中毒になっています。

その時に起きる本当の中毒がもう一つあります。最も深い部分が最も外側の部分を通してそれ自身を表現することに中毒になるのです。素晴らしい**存在の中毒**が起きるのです。あなたはこれ以外のことをすべて試すことができますが、どれも本当の存在の中毒のように満ち足りたものではありません！

本当に「心が奪われた状態」が起きるようにしてください――あなたが考えていることに対してではありません、あなたが感じていることに対してではありません、願望や必要性に「心が奪われた状態」になっているあなたの意志の中の何かに対してではありません。あなたが**知っている**ことに「心が奪われた状態」が存在するようにするのです。本当であると知っていることがどれだけ小さく見えるかは問題ではありません。あなたがその中に「心が奪われた状態」を招き入れた時、そのごく小さな部分は大きくなり始め、花開き、満開の花を咲かせるようになります。

そして、その小さな部分はあなたのすべてになります。あなたが実際に本当だと**知っている**そのごく小さな部分に対して、意識の「心が奪われた状態」が存在するようになって初めて、最も外側の部分が本当になるのです。それが、あなたが**本当にあなた**になっている唯一の時です。

例えば、花の香りを嗅ぐことは「心が奪われた状態」を招き入れているのでしょうか？

「心が奪われた状態」を招き入れています。唯一の問題は、それがあなたの表層の乗り物を**通して**起きていることです。精神は、花が何であるのか知っています。それは何が起きるのかという**観念**、いわば「スナップ写真」を持っていますし、起きていることに対する感情面の反応もあります。これらのパターンは、表層の乗り物の中に残っています。しかし精神はまた、あなたが花の香りを嗅げば、精神でも感情でも理解できない何かが自分の中で起きることも知っています。あなたが花の香りを嗅ぐたびに、感情面の反応あるいは精神的な「スナップ写真」よりも深い何かが動かされます。精神的、感情的な乗り物は、最も外側の部分が花の香りを嗅ぐ時に自分の中を動くものを再現することはできませんが、反応している最も深い部分の感触は存在しています。つまり、あなたが花の香りを嗅ぐ時は、自分が**知っている**ことに「心が奪われた状態」が動かされるのですが、それが表層の肉体の経験によって覆い隠されているのです。

花の香りを嗅ぐことや、それがあなたに対して行うことは、「心が奪われた状態」のこうした素晴らしい感覚を経験するためにあるのではありません。それらは、あなたの最も深い部分から生じる「心が奪われた状態」にあなたを連れ戻すためにあるのです。あなたが花の香りを嗅いでいる時、それはあなたを呼び戻しているのです。それはあなたに、本当である存在のあり方を思い出させ、あなたが慣れ親しんだ**あなた**から生じているのではない何かをあなたに思い出させているのです。精神、感情、意志、直感あるいは肉体から来ているのではない「感触」をあなたに思い出させているのです。あなたが花の香りを嗅いでいる時に起きていることは、花の香りを嗅いでいる**間に内側で**何が起きているのか、意識としてのあなたの中で何が起きているのかをあなたに教えてくれる内側の共鳴が存在しているのです。

そこで起きていることは、**あなた**の人生、それが自分だと思うことにあなたが慣れ親しんできた個人的な思考、感情、直感的な人生におけるどんなこととも関係がありません。それは、そういうことには関係がない、そういうことには**全く**関係がないのです。それは、本当である**内側**の存在のあり方から、同じように本当である存在のあり方でいるあなたの**外側**の何かに対する反応です。それは、あなたがそれを**許せば**、すべてひとりでに起きるものです。それは、「真なるもの」の「真なるもの」に対する反応なのです。**あなた**が自分で作り出した存在とは関係がありません。ですから、あなたが花の香りを嗅ぐ時、「心が奪われた状態」はそこにあるのですが、それは、あなたが花の香りを嗅ぐ時に、何か**本当の**ものが存在すると実際に認識しているあなたの部分をあなたに思い出させ、あなたの中でそれを活気づかせているのです。実在《リアリティ》は実在《リアリティ》を認識します。あなたの外側の実在《リアリティ》を認識し、それに反応しているのは、あなたの内側の実在《リアリティ》です。

その「心が奪われた状態」を招き入れることは、何か別の臭いを嗅いだ場合にも可能なのですか。

その通りです。ですが、その「心が奪われた状態」ははるかに精妙です。あなたが臭いを嗅いでいる時は、あなたの表層の乗り物にとって魅力的なものは何もありません。あなたの肉体的な乗り物はそれが好きではありません。あなたの肉体的な乗り物がそれを好きでない時は、そのことがあなたの感情的な体あるいは乗り物の中で、あまり気持ち良くないという感情を生み出します。精神的な乗り物は起きていることをすべて捉えているので、肉体的な乗り物は精神的な乗り物の中で一つの考えを作り出し、それがすべての概念をまとめて、こう言います。「嗅いでいる臭いは素敵じゃない、私はそれが好きじゃない、そこから離れていよう」と。そして、それが浅いままでとどまっている限り、つまり、あなたの表層の乗り物の感覚的な経験の下にある内側のもっと深いところであなたが**知っている**ことと関係がない、最も外側の**知覚**としてとどまっている限り、こうした概念はどれも重要ではありません。

ほとんどの場合見過ごされているのは、こうしたことが起きている間も、「心が奪われた状態」がまだ存在していられるということです。その時、その「心が奪われた状態」はもっともっとはるかに精妙です。なぜなら、それは、肉体的に心地よく**感じられない**もの、大丈夫じゃないものの中にあるからです。その「心が奪われた状態」の精妙さというのは、たとえそれが大丈夫じゃないと**感じて**いたとしても、**実際には**大丈夫だと知っているということです。感覚的な経験を通して意識の最も外側で臭いを嗅いだとしても、あなたがそう選択しない限り、内側の「大丈夫」に「触れる」ことも、それを取り去ることも、傷つけることもできないのです。

あなたが、自分を居心地悪くさせ、肉体的に大丈夫じゃない臭いを嗅いでいる最中にそのことを**はっきりと理解し**始めると、その時に起きるのは「大丈夫」が花開くことです。肉体的に臭いに影響されている時にも、自分の「大丈夫」が制限されることはないと分かるようになるのです。これが、肉体的な「大丈夫じゃない」の中でも、実在《リアリティ》あるいは「心が奪われた状態」が花開くということです。あなたが花の香りを嗅いだ時に起きる「心が奪われた状態」がはるかに粗野で簡単であるのに比べて、この種の「心が奪われた状態」ははるかに精妙です——それは仕方がないことです。

このように粗野で簡単なものも、感情面で中毒を起こします。気分がすぐれない時に花を見ると、その香りを嗅ぎに行くということが簡単に起こります——そうするのは、自分が本当である存在のあり方に戻るためではなく、その花の香りを嗅ぎ、それを見て、「心地よくなる」ためです。このようなパターンはどれもあなたの精神、感情、感覚の中にあって、自分が花の香りを嗅いだ時に何が起きるのか――内側で自分に何をしてくれるのか――覚えているからです。

我々は、「心地よくなる」ために、自分の最も外側の部分と同じようなものを簡単に**利用**します。それから我々は本当に賢くなって、自然の中へ散歩に出かけるようになります。そして、意識の不正直さがあると、我々が自然の中を散歩している間に、自然からエネルギーを**吸収する**ようになります。ただ「心地よくなる」ためにエネルギーを取り込むのです。そのような散歩に一体性はありません。ただ、盗み取ることだけ、奪い取ることがあるだけです。それは、こう言うようなものです。「私は、**自分が望む**喜び、平安、愛を得るために自然からそのエネルギーを盗み取ります」と。猫を飼う時や犬をペットにする時も、我々は同じことをします。

ハグする時も?

そうです。しかしそれは、もう散歩に出かけない方がいいとか、犬をペットにしない方がいいとか、猫を飼わない方がいいとか、ハグしない方がいいとかいう意味ではありません。ただ、正直さを招き入れることについて言っただけです。正直さを招き入れると、手放すことがますます抵抗しにくいものになります。犬をペットにしたり、猫を飼ったり、自然の中を歩いたりすることに、もっと多くの引き出す力が現れ、表出が起きるようになります。しかし、それはもはやエネルギーを**得る**ということではありません。そのような表出がただ**起きる**のです。というのも、あなたが自然の中を歩いている間、あなたの最も深い部分からずっと外側まで出て来るとても信じられないような動きがあるからです。あなたがその中を歩いているまさにそのものとの一体性が表現されるからです。これは、あなたがこれまで自然の中を歩くことに慣れていたあり方とはまるで違います。すべてが変わります。

「心が奪われた状態」を招き入れてください――思考や感情、理念に対してではなく、あなたが知っているものに対して「心が奪われた状態」を、存在のあり方に対して「心が奪われた状態」を……。たとえそれがただの「感触」だったとしても。

その「心が奪われた状態」は、何か外側の刺激には全く依存していないのですか？

それは正直さだけに依存しています。ただ、あなたの最も深い部分の存在と直接結びついた存在の刺激がたまたま外側にあって、それが意識としてのあなたの内側で正直さを引き寄せたり、不正直さを顕在化させてくれたりする時には、外側にあるその正直さの影響があなたの中で実際に不正直さに取って代わることはあります。自分が内側で知っていることに「心が奪われた状態」も、同じように、あなたの外側のそうした「真なるもの」の影響の方に自らを広げ始めます。そうすると、あなた自身の最も深い部分にある意識と同じような、あなたの外側にあるものに対して、「心が奪われた状態」が反応するようになります。

あなたの「心が奪われた状態」を活気づかせる、あるいは目覚めさせる自分の外側にあるものに、自分の内側の「心が奪われた状態」が反応するのを許していると、それがあなたを自分の最も深い部分まで連れて行ってくれて、それを認識できるようにしてくれます。そして、自分の最も深い部分により多く反応すればするほど、あなたの最も深い部分を有効にしている、あるいは活気づかせているその外側の源に対する反応が強くなり、あなた自身の最も深い部分がさらに多く開かれ、拡大するようになります。なぜなら、その反応はあなたの最も深い部分からやって来ているからです。そして、存在の結び付きが起こります。あなたとあなたの意識の最も深い部分との結び付き、そして同時に、本当の意識としてのあなたと、あなたが反応している、同じ「真なるもの」の外側の源との結び付きが起こります。

もしそれが私のために起きてくれるのであれば、是非とも静けさの中で起きてほしいです。私は「心が奪われた状態」が（ただ）起きるということには抵抗があって、自分は静けさを必要としているという思いがあります。

あなたが実際に、あなたの精神やあなたの感情ではなく、意識としてのあなたの中で静かであれば、あなたは自分がそのことに心が奪われていることに気付きます。

何に心が奪われるのですか？

あなたが**知っている**ことに心が奪われます。本当の存在のあり方、開かれた穏やかな状態、静けさ、安らぎにです。

あなたが意識の静けさと言う時、それは正直さという意味で言っておられるのですか？

意識が正直になると、それは静かになります。意識が不正直になると、それはとたんに忙しくなり、する必要のないことをし始め、試みる必要のないことを試みようとし始めます。意識は、本当はうまく行かないと分かっている存在のあり方を試みることとさえします。意識の不正直さがある時は、自分を欺くことが起こります。最後には、本当ではない、うまく行かないと分かっていることを主張するようになります。意識は、この方法で自分を変えれば、あるいはあの方法で試してみれば、**うまく行くかもしれない**と思っているので、**やってみる必要がある**と主張するのです。そして、それは決してうまく行きません。それでも、不正直さは努力するのを決してやめません。

意識の正直さがある時、それはあらゆる努力が終わるということです。それは、何かを**する**ことがなくなり、ただ**ある**ということです。意識の正直さは、静けさと安らぎという本当の目的を実現するために、静けさと安らぎに対する本当の愛をもたらしてくれます。

対話4　ごく小さなもの

１９９８年12月27日、カナダ、エドモントンにて

これからあなたは、
そのごく小さなものが望むものを
何でも手に入れられるように、
自分の持っているものをすべて使うようになります。

あなたは今、
人生における自分の目的を理解しています。

あなたは、働き、生き、考え、感じ、
行動し、試し、存在することができます。

そして、それらはすべて
最終的には一つのもの、

正しい「一つのもの」のためです。

そのすべては、
これからそのごく小さなもののために
使われるようになるでしょう。

――本章は、１９９８年12月27日にカナダのエドモントンで行われたジョンと聴衆との対話から抜粋したものです。

質問者：あなたはボールダーで、夢中になること、情熱についてお話しされましたが、夢中になることが「真なるもの」に関して持っている役割について話していただけませんか。

ジョン：「夢中になる」というのは、この世界を招き入れるあなたの能力、この世界を自分の中に取り込むあなたの能力です。あなたが慣れ親しんでいる「夢中になること」は、非常に範囲が狭く、多分に条件付きです。どんな迷いや制限も条件もなく、この世界を**本当に**自分の中に取り込むということは、本当の**存在のあり方**から、その瞬間そこにあるすべてのものに内側への完全なアクセスを持つことを認めるということです。この世界においてそれだけ夢中になるためには、あなたは「家」に帰っていなければなりません。

個人的な人生経験が我々の判断基準になっている場合、「夢中になる」という観点から我々が一般に考えることは、「少なすぎない」ということであり、「多すぎない」ということです。我々は、人生に対処しようとして「夢中になること」を**使います**。我々は、それをどのようにコントロールするかを学びます。それをどれくらい招き入れるか、どれくらいまで手放すかを学びます。本当の「夢中になること」が解き放たれるのは、あなたが「家」に帰り、開かれた穏やかな本当の内側の存在のあり方の中に存在している時だけです。あなたが「家」に帰っていない時は、自分の「夢中になること」を加減したり、条件付けたりします。ですからあなたは、この世界のことをすべて招き入れるための、条件付けられた、加減された能力を持つようになるのです。

では、「家」に帰っている時は、その「夢中になること」は一定しているのですか、揺れ動いたりしないのですか？

あなたが「家」に帰っている時は、「夢中になること」は自由自在に動くことができます。このような情熱は、ある瞬間にすべてを満たし、別の瞬間にすっかり空っぽになりますが、あなたは何も失うことがありません。あなたはただ、ある時点で情熱がそれ自身を示すやり方で情熱が存在することも、また情熱がなくなることも完全に認めている、内側の本当の存在のあり方に中にとどまっているだけです。

「家」に帰っておらず、加減された情熱がある時は、あなたが情熱を傾けているものが何であれ、あなたはそれを失うのを恐れようになります。たまたまある瞬間にそこに情熱があって、あなたがその情熱に自分自身を注ぎ込んでいるとすれば、何かがそれを取り去った時、あなたは自分が空っぽの状態で取り残されていることに気付くでしょう。ですから、「家」に帰っていない時は、あらゆるものが重要になるのです。なぜなら、本当の情熱というのは、何かが情熱を断ち切ってしまうとか、自分がとても注意深くとても多くの情熱を傾けてきたものがなくなってしまうとかいったことを考えずに、枝先に身を乗り出して行くことを意味しているからです。

あなたが「家」に帰っている時は、たまたまその枝が切られたとしても、あなたにとってそれは問題ではなくなります。あなたは、乗り出して行くのが本当だと知っているどんな枝先にも、自分を守るという考えを持たずに、どんどん先に進んで行けるようになります。どんなものであれ、自分が手に入れたものを失うことも手に入れることもできるようになりますし、どんな情熱であれ、注ぎ込まれた情熱を失うことも手に入れることもできるようになります。なぜなら、そのどれもがあなたのために行われたものではないからです。それがあなたに関して行われたことは一度もありません。あなたはただ**夢中になって、情熱的に存在**していただけです。情熱が完全にあなたを満たすことも、完全にあなたから離れていくことも認めた状態で、自分が本当だと知っている存在のあり方で「家」に帰っていたのです。情熱とは、無条件で本当である存在のあり方の中に夢中になって存在するためのあなたの能力です。

自分が「家」に帰っている時は、（情熱）が入って来て何かを満たし、そしてまたどこかに行ってしまうということですか？

本当の情熱がある時、それは小さな子どもがすっかり何かに夢中になっているようなものです。小さな子どもの存在のすべて、小さな子どもが持っているものすべてが、一つのことに注がれているのです。何かに集中している最中にその子どもの邪魔をすると、面倒が起きるのは避けられない**ように思えます**。その小さな子どもは「夢中になること」の真っただ中にいて、面白くてたまらないものの真っただ中にいて、「家」に帰っています。しかし、あなたはその子どもを簡単に持ち上げることができますし、そうするとその子どもはあなたの方を向いて、代わりに**あなた**に反応するようになります。その子どもは何も失わないのです。

子どもあるいは大人が「家」に帰っていなくて、何かにすっかり夢中になっている時に、彼らの力が及ばないやり方で彼らを持ち上げたり、邪魔したりすると、それがどんなものでも、面倒が起きるのは避けられません。彼らにとって、それは、失った投資のようなものだからです。本当の情熱が存在する状態であなたが「家」に帰っている時は、あなたは**情熱的に存在**しています。どんなものでもあなたから取り去ることができますし、あなたはどんな時も何も失いません。それが本当に生き生きしているということです。

あなたは私たちの内側の意識、あるいは私たちの内側の「真なるもの」を「ごく小さなもの」と呼んでおられます。私はそれを聞くたびに、ある意味でそれが過小評価されているような感じがします。それはごく小さなものというより、もっと大きなものと言われるだけの価値があるような気がします。つまり、それを「私たちの内側のごく小さなもの」と「あなたの内側のより大きなもの」というふうに対比されたりすると、私たちの内側のその部分がある意味で過小評価されているように思えるのです。

私の「ごく小さなもの」は、あなたのものよりずっと**小さい**です。

あなたの内側でそれがもっと小さいということは、小さいということがここでは否定的な意味ではないということですか？　過小評価しているのではないということですか？

あなたが辿りつけるその「小さなもの」が小さければ小さいほど、あなたはより深く意識あるいは実在《リアリティ》の中に存在し、絶対的な根源により近くなります。あなたは、あなたが本当だと知っているその小さなものの中で自分が開かれ、穏やかになり、小さくなり、溶けてなくなり、そこにとどまるといったあらゆる状態の中で、その溶けてなくなることやばらばらになることに、その小さなものの中を真っ直ぐに通過させ、その中に入り込ませ、通り抜けさせ、決して止まらせないようにさせることができますか？ それができれば、あなたが非常に深く入って行ったその小さなものは、あなたにとって全宇宙になります。

あなたにとってかつてはただのごく小さなものにすぎなかったその宇宙の中で、今ははるかに純度を増した存在のあり方から、自分が今本当だと知っている新たな、かつてないほど小さなものの素晴らしさの中で、あなたは開かれ、穏やかになり、小さくなり、溶けてなくなり、くつろいでいるでしょうか？ そうしていれば、あなたは、開かれ、穏やかになり、小さくなり、溶けてなくなり、ばらばらになるたびに、実在《リアリティ》の中にどんどん深く落ちて行きます。あなたが意識として「真なるもの」あるいは実在《リアリティ》とより深く一体化し、それを**はっきりと理解**すればするほど、それはより深く、より一層広大なものになります。

あなたが、自分が本当だと知っているそのごく小さなものだけに、あなたを充足させるものであることを許せば許すほど、実在と「真なるもの」に関するあなたの理解はより深くなります。そして、あなたが慣れ親しんできた**あなた**は、どんどん、どんどん小さくなります。**あなた**は、形のあるものから形のないものになって行きます。あなたが最も多くのものを見つけるのは、その最も小さなもの、あるいは最も少ないものの中だけです。実在《リアリティ》あるいは「真なるもの」の深さを明らかにするのは、あなたが本当だと知っているものの最も愛情にあふれた部分の中にある純粋さなのです。

私はあなたがセックスについて話すのを聞いてみたいです。その体験の中にある「真なるもの」とは何ですか？

最も簡単なことは、それは、あなた――あなたが自分だと考えたり、感じたりしている**あなた、**あなたが慣れ親しんでいる**あなた**――のためにあるのではないということです。

それだけですか、単なるエネルギーの流れということですか？

それは「真なるもの」に属しているもので、あなたの最も深い部分の意識に属しているものです。あなたの最も深い部分がその中を通して最も素晴らしく動く表現の手段です。セクシャリティは、あなたの内側にあって、あなたが本当だと**知っている**「ごく小さなもの」のためにあるのです。あなたのそれ以外の部分には属していません。あなたはそれを利用し、それを使うかもしれませんが、それはあなたのためにあるのではありません。セックスに関係したものに強くしがみつけばつくほど、内側ではより大きな痛みが存在するようになります。自分自身のためにセクシャリティを望んだり、使ったりする自己中心的な動きを素晴らしく完全に絶対的に手放せば手放すほど、「ごく小さなもの」は、その中に存在し、それ自身を表現するためのより大きな領域を持つようになります。セクシャリティは、人が一般にそれを理解し、使っているものとは大きく違ったものです。

自己中心的な性質のセックスは、うまく機能しないもう一つのものです。それは、求めるもの、必要とするものになり、求めることや必要とすることが自分であると人に思わせてしまいます。人は何かを**手に入れる**ためにそうしたセックスを使いますが、そこが、セックスがうまく行かないところです。それは表現するためにあるのであって、何かを手に入れるためにあるのではありません。それは、あなた、あなたが慣れ親しんだ**あなた**を表現するためにあるのではありません。それは、あなたの最も深いところから来る、あなたが本当だと**知っている**ごく小さなものを表現するためにあるのです。セクシャリティはそのごく小さなものに属しているのです。

実在《リアリティ》のそのごく小さな部分がセクシャリティを通してそれ自身を表現すると、そのごく小さなものはその領域に広がっていき、とても大きなものになります。それ自身の本当の姿を現します。しかし、あなたがそれに「触れた」とたん、つまり、あなたが慣れ親しんだ**あなた**のためにそれを望んでいるという理由で、その**あなた**のために何かの方法でそれを使ったとたん、そのごく小さなものは自分自身を表現することから手を引いてしまいます。それは、あなたの最も深い部分の内側深くで、すぐにまた元のごく小さなものに戻ってしまいます。その結果、**あなた**にその場所が残され、その場所を使ってしたいことを何でもさせてくれるようになります。しかし、存在が満たされることは決してありません。なぜなら、その場所は**あなた**のものではないからです。あなたの存在のものだからです。あなたが「家」に帰っていなければ、こうしたことはどれも全くうまく行きません。このように、セックスはもっぱら「家」に帰っている人たちのためにあるのです。

あなたは、セクシャリティを好む時は、ごく小さな部分が埋没して、身を隠してしまうとおっしゃいました。

セクシャリティを好むことに問題はありません。しかし、あなたがそれに「触れる」と、つまり、それが好きだという理由で、あなたが慣れ親しんでいる**あなた**のためにそれを使うと、あなたが本当だと知っているごく小さなものは、あなたが望むものを**あなた**に手に入れさせようとします。あなたが本当だと**知っている**もの、実在《リアリティ》のそのごく小さな部分は退いてしまいます。あなたが「家」に帰るまでは、うまく行くものは何もありません。あなたが「家」に帰るまでは、何も本当にはうまく行きません――人との関係もセクシャリティも情熱も……何一つうまく行きません。

痛み、あるいは感情が生じると、（それらは）本当の自分になること、本当の存在になることの障害になるのでしょうか？

痛みは、あなたが本当の自分になるための窓あるいは入り口です。ですが、そのためにはそのための入り口があります。温かな「受け入れ」、外側の感情や痛みに関係なく、最も深い部分の安らぎを**認める**ことがなければ、**本当には**痛みを経験して、その中を通り抜けることはできません。でも、あなたが本当の存在のあり方の中にいる時は、本当に痛みを通り抜けることができます。そして何か痛みがある時にはいつも、それがあなたにとって、あなたが本当だと知っているものの小さな部分の中により深く入って行くための、もう一つの入り口あるいは窓になります。それは、あなた自身の最も深い部分の意識の深さを通して**理解**したり、**存在**したりするための新しいあり方を絶えずもたらしてくれるようになります。どんな種類の困難も、あなたの最も深い部分の存在の深さを理解するための窓を作り出してくれます。

我々がついやりがちなのは、こうした窓に対して、純粋でない正直でないやり方で対処することです。それを悪いものと呼び、避けてしまうのです。そうした窓の**中に**入って、自分が遭遇しているものをどんなものでも**招き入れる**代わりに、そこから**遠ざかって**しまうのです。自分の内側で本当に起こっていることに本当のやり方で「触れる」ことを避けてしまうのです。

あなたが完全に開け放たれた無防備な場所に移ったとしたら、何が起きるでしょう？　その開かれた状態、穏やかな状態、その完全に無防備な場所から、痛みが入ることを許され、あなたの中のどこにでも行くことを許され、あなたにどんなことでもすることを許されたとしたら、どうなるでしょうか？　もしあなたがそれに対処する必要性を感じたとしたら、あなたはその無防備さを失い、はっきりと理解するためのその窓を失ってしまうでしょう。

対処する必要性を温かく手放せば、完全に開け放たれた無防備な場所の中を動く痛みがあなたの本当の姿をさらけ出してくれるでしょう。それが意識としてのあなたにひびを入れてこじ開けてくれるでしょう。そして、あなたがこれまで一度も経験したことがないようなことが、意識としてのあなたの中で起きるでしょう。対処する必要性を感じない限り、意識としてのあなたは快活で元気に満ちあふれています。あなたは、新しい深さと新しいあり方の中で、自分が本当に本当に何であるのかを体験し始めます。

痛みが意識としてのあなたの内側でヒリヒリと感じられ、あなたがそれを招き入れると、痛みが感じられるところやその痛みが触れるものはすべて**意識として実感される**ようになります。痛みは、目覚めるための道具のようなものです。痛みは、あなたがこれまで一度も行ったことがない、あなたの内側の場所に入り込むことができます。

しかし、対処する必要性がある場合、慣れ親しんだものに関係した必要性がある場合には、あなたは決してその痛みにそこまで行くことを許しません。あなたは、自分がよく知っている自分の部分に入るように痛みを誘導します。あなたは、自分自身のために痛みを使うのです――あなたが自分だと思い感じているあなた、あなたが慣れ親しんでいるあなたのために。あなたはその痛みを誘導して、それを自分への非難に変えます。あなたはそれを使って、自分自身に辛く当たるのです。なぜなら、そうしていれば、それはあなたがすでによく知っている領域にとどまってくれるからです。

その痛みがあなたのよく知らない領域、あなたがまだ目覚めていない、気付いていない意識としてのあなたの深みに入って行くことを許されれば、あなたは自分がまだ**本当の自分**を理解していないことに気付くでしょう。あなたは自分が何であるのか理解していません。自分がなぜここにいるのか理解していません。そして、痛みが意識としてのあなたの中の知らない場所、気付いていない場所に入って行くと、表面的には自分がすべてを失うように思えます。あなたにとって今慣れ親しんでいるものはどれも、何が起きているのかあなたに説明できないからです。

あなたが**本当に**痛みを招き入れることができるのは、あなたが「家」に帰っている時だけです。そこでは、自分の中のどこにでもそれを招き入れることができますし、そのことに全く干渉しないでいられます。完全に開け放たれた無防備な場所から、あなたは自分の中のどこにでも痛みを行かせることができ、それを自由に移動させることができます。それは、意識としてのあなたにひびを入れてこじ開けてくれますし、あなたがそれまで一度も経験したことがないやり方で、あなたを素の状態にしてくれます。何が起きているのか分からないままでも、穏やかに素の状態でいられるようになります。

それが起きるようにするには、死ぬことを全く厭わないようでないといけないと話しておられましたよね？

自分自身で作り出した精神的、感情的な構造物や執着がなくなること、本当でない**あなた**が死ぬことを認めるのを温かく受け入れるということです。これは、「家」に帰っている人だけに起こります。「家」に帰っていない間は、あなたは死ぬことに抵抗します。そして生きることにしがみつきます。しかし、それは**本当に**生きることではありません――それは一種の条件付きの生きることにしがみつくことです。本当に生きることを避けているのです。なぜなら、そんなことをすれば、自分を無防備にしてしまい、内側にあまりにも多くの広く開け放たれた空間を作り出し、自分の精神《マインド》では**理解**できず、自分にとって馴染みがあるとも**感じ**られない、あまりにも多くの実在《リアリティ》の流れを作り出してしまうからです。条件付きで生きている時は、今慣れ親しんでいる領域にある流れを維持するように絶えず努力します。ですから、「家」に帰っていない間は、まっさらな人生やまっさらな流れを招き入れることができないのです。それはあなたにとって、全く知らないものを招き入れるようなものだからです。

知らないものを招き入れるということは、あなたが理解すらできないものによって呑みこまれるということです。馴染みのないもの、新しいものと一つになれるように、あなたは絶えず、自分が慣れ親しんでいる「家」の理解や感覚を失うことになるでしょう。あなたがそれまで一度もなったことのないものに**なれる**のは、あなたが意識として「家」の中で深化している時だけです。あなたが全く新しいものに**なれる**のは、あなたが「家」に帰っている時だけです。

あなたが意識として開かれ、意識の最も外側の部分がそれまで一度も行ったことのない最も深い部分に向かうアクセスを手に入れると、最も外側の部分はそれ自身を失ってしまいます。それは、それがアクセスしているものになります。それは、最も外側の部分が慣れ親しんだものをすべて失います……あなたにすべてを失わせるのです。あなたが慣れ親しんでいるものという意味で言えば、あなたは自分であるものを失ってしまうのです。

やってみるのもいいかもしれませんね。

そうすればあなたは、あなたが今慣れ親しんでいるもの、あらゆる種類の経験やあらゆる種類の意識を通してあなたがこれまで学んできたもの、あなたが取り入れ内側に貯め込んできたもの、そうしたものをすべて、内側でつかんでいる状態から手放すことができます。それを手放してください。あなたが失うのは、あなたにとって今慣れ親しんでいるものだけです。あなたが失うのは、**あなた**のすべてでだけです。あなたが慣れ親しんでいるあなたは、**あなたが慣れ親しんでいるものを自分だと思っているにすぎません。あなたは内側でそれにしがみつき、勘違いしてそれを自分と呼んでいるのです。

そうした慣れ親しんでいるものを内的な構造に変化させて、それを使って自分の逃げ道を作っているのです。しかし、あなたには自分がすでに内在化させたものについての理解しかありません。あなたはそうした慣れ親しんでいるものについて学び、あなたが自分だと思っているあなたについて学ぶかもしれません。しかし、学べば学ぶほど、あなたの構造物はますます複雑になり、あなたはますます実際には全くあなたでないあなたになります。

あなたが今自分だと思っているもの、感じているもの――あなたの信念体系、倫理体系――をすべて手放せば、そしてあなたがこれまで内側で学んだことや獲得したことをすべて内側で手放せば、その時残るのは新しい何かです。そして、新しさの最初の「感触」、慣れ親しんだものを置き換える、芽を出したそのごく小さなものは、あなたが手放すどんなものよりも価値があります。慣れ親しんだものを置き換える、新しさのその最初のごく小さなもの――それが**本当の**あなたです。本当のあなたは、あなたがこれまで一度も触れることなく、絶えずあなたの意識の中に流れ込んでいたそのごく小さな新しさです。それは、意識の中に入り、真っ直ぐに動き、出て行きます。それは、**あなた**の存在すべてが**それ**であるという新しさの絶え間ない流れです。あなたは新しさです。慣れ親しんでいるように見えるどんなものも、それはそれでまったく問題ありませんが、それが再び**あなた**になることは決してありません。何が起きるかと言えば、意識がそれ自身を自覚し始めるのです。あなたは、自分が意識として本当は何であるのかということに実際に気付くようになるのです。

コントロールすることや対処すること、あるいは慣れ親しんだものが自分であると思う意識としてのあなたのどんな部分にとっても、そのことは絶対的な脅威の縮図です。それは、全く新しいもの——それに関する手掛かりが全くない場所——の中に真っ直ぐに飛び込むということです。宇宙空間に飛び出すことは新しさの中に飛び込むことにはなりません。なぜなら、あなたはすでにそのことについてよく知っているからです。あなたはここからそれを見ることができます。それについて新しい何かがあるかもしれませんが、それでもあなたが理解できる判断基準が存在します。あなたはまだ、あなたの精神が理解できるものの中を通り抜けているのです。本当の目覚めが起きる時には、あなたは慣れ親しんだ判断基準が全くない状態で、完全な新しさの中を通り抜けることになります。

面白そうですね。

あなたが「家」に帰っているのなら、そうでしょう。あなたが、すでに本当の存在のあり方の中で意識として存在しているのなら。あなたが「家」に帰っていなければ、それは面白くはありません。あなたが「家」に帰っていなかったり、そのようなことがあなたに押し付けられる可能性があったりすると（例えば、あなたが気に入っているかどうかに関係なく、新しさの中に入るというようなこと）、あなたは頭が変になりますし、自分の表層の乗り物を壊してしまいます。あなたの表層の乗り物がはっきりと示すのは、現在の意識状態や存在のあり方ではそれがあなたの手に負えない、ということがどれだけ本当であるかということです。意識としてのあなたがそれに対処できなければ、あなたの表層の乗り物もそれに対処することはできません。

実際には、本当の目覚めが起きることほど満ち足りたものはありません。しかし、それが満ち足りたものであるのは、あなたが「家」に帰っている場合だけです。あなたが「家」に帰っていなければ、それにちょっと触れただけでも、内側であなたのすべてが縮みあがり、自分の存在のすべてをかけて全力で後ろに飛び退くようなものになるでしょう。

ここにいることとは、私がこれまで想像したどんなものも超越しています。私は自分が「家」に帰っているような感じがします。そして、そのことが信じられません。自分が皮膚からはい出そうとしているような感じがします。「あなたの存在」と、自分がこれまでそのことについて何も知らなかったとあるレベルで感じている私の「最も小さなもの」にとても感謝しています。別のレベルでは、それが私をここに連れてきてくれました。

私はただ自分を開放しようとしているだけなのですが、自分が「開放されていないこと」は分かっています。でも、自分の人生と自分のパターンと自分の存在を一つに合わせたような感じがします。

「受け入れていない」という自分の状態、自分が「受け入れていない」ということから逃げていること、自分が分離しているという偽りを黙認していること、「最も小さなもの」とつながっていないことを全部合わせたような感じがします。それらをすべて手放すことがどういうことなのか、どんなふうに見えるのか自分が何も知らないことは分かっていますが、そうすることで失うものは何もないような感じがしますし、それがピクニックでないこと――ピクニックとはほど遠いこと――も分かっています。でも、そうするしかないのです。

その通りです。

自分を開放することや穏やかであることに関する教えのように聞こえるものをあなたが与えてくれた時、私はいつもそれを規律、「ジョンの規律」に変えてしまっていました。でも、あなたは、その存在に対していかにあるべきか、いかに開放すべきかを、人があなたの言葉を通して、あなたのエネルギーを通して聞くための方法を示そうしているのだと分かりました。それは規律ではないのですが、そのように聞こえるのです。それはただ、私がそうした存在の状態にいなかったからです。

その通りです。

こういうことが起きているのが信じられません。私は人生で誰かを信頼したことが一度もありませんでした。世界を信頼したことがありませんでした。自分を信頼したことがありませんでしたが、あなたのことは完全に信頼しています。完全な信頼です。私は自分が「家」に帰れることが信じられませんが、「家」に帰ることができるのです。あなたは「真なるもの」です、そして私たちは「真なるもの」です。なぜこんなことが起きているのでしょう？　どうしてこんなことが起きているのでしょう？

私は、絶えず深さを増す「家」の深みに絶対的、無条件に身を任せ、最も深いところにある意識、実在《リアリティ》、「真なるもの」に身を任せて生きています。私は、個人的な犠牲がどのようなものであるかに関係なく、その存在のあり方の中に存在しています。そして、その「真なるもの」として働いています。私の**存在のあり方**が、あなたの中の本当の存在のあり方を目覚めさせているのです。

どうすれば受け取れるのですか？　どうすれば非常に強力な自分の精神的体やあらゆる不信を乗り越えられるのですか？　どうすれば開かれた状態を続けられるのですか？　私は、「真なるもの」、私の「最も小さなもの」のために可能な限り力を尽くすために、どんなことをあなたから知る必要があるのでしょうか？

あなたよりも私の存在のあり方を生き、信頼することによって、そしてあなたが慣れ親しんでいるあなたよりも、存在のあり方としての私の存在を生き、愛することによって、あなたの中にすでに起きていることを続けてください。

そんなに単純なことなのですか？　私が感じている最大の障害の一つは、この「最も小さなもの」を感じる時に、（その存在がやってくれていると私の自我が思っているもの）に、私の自我、「受け入れていない」状態が（心地よくしてもらおう）、支えてもらおうと思っているような感じがすることです。ずっとそれを手放そうとしているのですが……。

それは焦点を合わせる価値さえないものです。あなたの存在がやってくれていることにそのように焦点を合わせることを手放す代わりに、あなたが本当だと**知っている**内側の小さなものは、何に目を向けているのでしょうか？　それは、あなたの自我、あなたのパターン、あなたの人生、あなたの過去は見ていません。それは、あなたの感情も、あなたの内側のどんな考え方も見ていません。その小さなものは、あなたを見ることさえしていません。しかし、その小さなものは私の存在の方に大きく目を見開いています、その小さなものは、自分が本当だと認識している存在のあり方の方に大きく目を見開いています。それが、その小さなものが反応しているものです。

でも、それはただ自然に起きることのように思えます。私は今日、あなたのテープを聞きましたが、その時は、開かれた状態で、言葉を理解しようとしなくても、ただ聞いているだけで十分という感じでした。

あなたがこの部屋に座っていて、英語が分からなかったとしても、あなたはそれを受け取るでしょう。あなたは私が話す言葉をすべて聞いているでしょう。しかし、精神で聞いているのではありません。あなたが慣れ親しんでいるあなたとは関係なく、あなたの存在がはっきりと姿を現し、**その存在**だけが知っている方法で聞いているのです。そして、あなたの存在が聞いている間、それは、あなたがこれまでずっと慣れ親しんできたあなたのすべてを完全に飛び越えています。

あなたの存在は、私の存在が自分と同じような存在のあり方であるのを知っています。あなたの存在は、**あなた**が何であるのかは知りません。ですから、あなたの存在は私の存在に耳を傾けているのです――それは**古いあなた**には決して耳を傾けません。それがもしあなたに耳を傾けていたとしたら、あなたは、自分の存在に顔を出すようせがんでいたでしょう。それが手の届くところまで来たら、あなたはすぐにそれに手を伸ばし、その存在のすべてを奪い取り、うまく処理し、コントロールし、幸せになるためにそれを使っていたでしょう。痛みを和らげるためにそれを使っていたでしょう……そして、あなたの存在はそのことを知っています。あなたの存在は**あなた**には反応しません。それは私の存在に反応するのです。なぜなら私の存在は、あなたの中のそのごく小さなものと同じ実在《リアリティ》の状態にあるからです。私がいる存在の空間にあなたが入ってくると、あなたの存在は反応し、外側に流れるように自然に動かされるのです。

私はそうした存在の空間にはしがみつくべきではないと思います……それが私の最も強い執着になるような気がするからです——それを手放すうえで。

それは、その存在の空間にしがみつくということとは関係がありません、なぜなら、あなたは何も**必要として**いないからです。あなたは「家」にいる必要はありません。「家」は、あなたには素晴らしくどうでもいいことです。「家」は、あなたの中の「ごく小さなもの」に属するものです。あなたが私の存在を認識しているとすれば、その認識をしているのはあなたが慣れ親しんでいる**あなた**ではありません。表に姿を現して、私が何であるのかを観察し、私が何であるのかを**知っている**のは、あなたの中のその「ごく小さなもの」です。あなたは私が何であるのかを知っていますが、それは、そのごく小さなものがすでに**あなたの中**にあるからです。あなたが慣れ親しんでいる**あなた**よりも、**本当の存在のあり方**として私の存在を愛し、信頼し、大切にする時、あなたはその瞬間、その「ごく小さなもの」の空間の中にいます――そうしようと努力することさえなく、それと同じ本当の存在のあり方の中にいるのです。

やってみましたが、その時はうまく行きませんでした。

あなたが試したことはどれもうまく行きませんでした。しかし、**あなた**の空間のすべてをそのごく小さなものや、何であれ、**そのごく小さなもの**が反応しているものに明け渡すことによって、**あなた**は、自分の中のごく小さなものが反応しているすべてのものに対して、あなたの空間のすべてを使って反応することができます。**そのごく小さなもの**は、**あなた**がその中で生きることに慣れ親しんでいる空間を占有するようになります。

私はただ、その「最も小さなもの」に対して忠実でありたいのです。私が望んでいるのはただそれだけです。

では、それにすべてを与えてください。あなたの代わりに、**最も小さなもの**に何が本当であるかを決めさせてあげてください。あなたが考えたり、感じたりすることを通して**あなた**が決める代わりに、**最も小さなもの**に何が価値があるのかを決めさせてあげてください。そのごく小さなものに必要なものをすべて提供するために、**あなた**の全存在を差し出してください。あなたが本当だと**知っている**内側のその「ごく小さなもの」に**与える**ために、**あなた**の存在のすべてを使ってください。

喜んでそうします。自分がどんな経験をするのか分からないので、ちょっと不安が顔を出しますが、大きな不安ではありません。

ごく小さなものが何を経験するか知っています。それはごく小さなものだけが知っていることです。

ごく小さなものは、私を「家」に連れて行ってくれるでしょうか？

「家」は、あなたがそのごく小さなものに**あなた**を所有**させた**時にやって来ます。「家」は、その小さなものがあなたをコントロールし、あなたを所有し、あなたを支配し、あなたを動かし、あなたの中で、それがするように素晴らしく動かされるどんなことでもできるようになった時にやって来ます。そして、**あなた**はただ与えることしかしなくなります。そして何かを返してほしいとは決して思わなくなります。あなたは、そのごく小さなものに仕える、愛される奉仕者として生きるようになります。あなたは、ただそれに**道を譲る**ためだけにこの上なく素晴らしく存在するようになるのです。

あなたは、この旅で私を導く助けになってくれますか？

私はすでにそのごく小さなものが愛しているその空間です。

ここに移ってくるのが一番いいのでしょうか？

それはどこに向かって一番動いていますか？　ここにいることですか、そこにいることですか？　それが分かっているのなら、自分が本当だと**知っている**ごく小さなものがしようとしていることに応えてあげてください。そうすればあなたは、形のないそのごく小さなものが、それが反応しているところ、それが**動かされて**いるところに自然と行けるように、この完全な存在をつなぎ合わせて形にするでしょう。あなたは、ごく小さなものがいたいと思うところにいられるように、あなたが手に入れたもの、あなたがこれまでに学んだもの、あなたが今慣れ親しんでいるものをすべて使って、何かを形にすることができます。そして最後には、**あなた**のためではなく、**ごく小さなもの**のために、自分の持っているものをすべて使うようになります。あなたは、幸せを手に入れるために、痛みを和らげるために自分の持っているものを使うことに慣れています。これからは、そのごく小さなものが望むものを何でも手に入れられるように、自分の持っているものをすべて使う**ようになります**。あなたは今、人生における自分の目的を理解しています。あなたは、働き、生き、考え、感じ、行動し、試し、存在することができます。そして、それらはすべて最終的には一つのもの、正しい「一つのもの」のためです。そのごく小さなもののためです。今あなたの仕事には目的があります。それを、そのごく小さなもののために使うことができます。今あなたの精神には価値があります。あなたは、そのごく小さなものが、**それ**が望む生活を送れるように、短期的、長期的な目標を実行することができます。これからは、あなたの目標のすべて、目標を持って働くあなたの能力のすべてが、そのごく小さなもののために使われるようになるでしょう。

地に足を着けるということについてはどうですか？

あなたが慣れ親しんでいるものという観点から言えば、地に足が着くようになるというあなたのあり方は、そのごく小さなものとは関係のない、内側の慣れ親しんだ領域に存在しています。あなたは地に足を着ける必要はありません。あなたが地に足を着けるという感覚を全く持たなくても素晴らしく大丈夫であれば、それが本当に地に足が着いたということです。あなたが慣れ親しんでいる地に足を着けるという感覚は、精神的、感情的、直感的、意志的、肉体的なものであって、存在が地に足を着けているということではありません。ですから、的が外れているのです……そういうことではないのです。

あなたはその「ごく小さなもの」を愛することについて随分お話しされましたが、私は自分自身が愛している姿、愛するという行動を取っている姿がうまく想像できません。またあなたは、存在の果実がいかに愛情あふれるものであるかについてもお話しされました。それは、行うものではなくて、存在しているものだと。私にももう少し合点が行くように、これら二つのことを関連付けて話していただけませんか。

意識としてのあなたが、あなたの存在のすべてを本当の存在のあり方としての私の存在に与えると、すぐにこんな反応が帰ってきます――私は私の存在のすべてを与えます……あなたに、という反応です。その時、私であるもののすべては――それはあなたであるその小さなものと同じですが――、存在と直接的な関係を持っています。そして、それだけが本当に残っているものです。その時、そのごく小さなものは、それ自身の外側で見られるものの内側で生きています。外側で見られるものは、ごく小さなものそれ自身と全く同じですが、ずっとずっと深いものになっていています。そしてその時、そのごく小さなものは、自然にその深さと一致し始めます。なぜなら、そのごく小さなものはその深さを認識し、理解し、反応するからです。

私はこういう時、ここにいることで自分がしていること以外、自分がやることは本当に何も、何もないと感じてしまいます。また別の時は、私の精神はもっと活発になります。特にあなたがほかの人に話しているのを聞く時や、人々がここに来るためにどんな経緯を辿ってきたのか聞く時はそうです……たぶん自分が十分なことをしていないからだと思いますが、そうするよう努力しなければ、もっと理解しなければ、もっと明け渡さなければ、もっと苦しまなければと感じてしまうのです。

それがうまく行くのは、本当の浸透作用による時です。そして、あなたが慣れ親しんでいるあなたは、その本当の浸透作用を妨げる力を持っています。なぜなら、あなたが慣れ親しんでいるあなたは、何が起きているのか知っているからです。あなたが慣れ親しんでいるあなたは、それがどういう影響を及ぼすのかはっきりと理解しているので、その浸透作用を邪魔したり、取り除いたりしようとするかもしれません。あるいは、あなたが慣れ親しんでいるあなたは、正直さを招き入れた時に、その浸透作用が自分自身よりもっと価値があることを認識するかもしれません。そして、自分自身を開放し、正直になり始めるにつれて、そのことを理解し、認識するようになります。あなたが慣れ親しんでいるあなたは、ただ脇へ退き、本当だと知っているあり方の中に存在するようになるのです。

私が慣れ親しんでいる「私」がそうしてくれるのですか、ただ親切に快く道を譲ってくれるのですか？

そうです。あなたが慣れ親しんでいるあなたが正直になると、それは優しくなり、**私の存在**と同じあり方に反応しているあなたの中のその小さなものに味方するようになります。私があなたに示しているものはすべて、存在のあり方、あなたが本当だと**知っている**存在のあり方、あなたが愛している存在のあり方、あなたがあなたの最も深い部分から本当に反応している存在のあり方です。

私は、自分をあなたのところに導いてくれたものが何であれ、それに対する感謝の気持ちでいっぱいです。あなたが祈りは役に立たないと言っているのは知っていますが、もしかしたらこれは単なる偶然の一致かもしれません……。

うまく行くのは正直さであり、正直さの最も小さなかけらです。それはいつも、あなたが許したところまで、あなたの意識の最も深い部分にある存在のあり方の深さまであなたを導いてくれます。たとえあなたが、不正直さの中でほとんど完全にこり固まっていたとしても、残っているものが意識としてのあなたの中にあるたった一つの正直さの小さなかけらであれば、正直さのその小さなかけらが、本当の場所がどういうものであるのかをすぐに認識してくれます。

正直さのその小さなかけらは、それまで一度も振動しなかった方法で振動するようになります。ひたすらブンブンと音を立てるようになります。その小さなかけらは歌い始めます。そして、その声の美しさがあまりにも抵抗し難いものであるために、意識としてのあなたの中の不正直さという弱い部分がその中に引っ張られ、その声の一部になります。勢いがつき始め、意識が完全に変わるまでそれが続きます。祈りは役に立ちません。役に立つのは、あなたが本当だと**知っている**ごく小さなものに対する完全で無条件の正直さです。

対話5　暗闇を通じた悟り

１９９８年11月26日、英国、ロンドンにて

乾き、虚しさ、
暗闇、
生気のなさ、
絶望、
盲目があったとしても、
あなたはその状態を
絶えず温かく
無条件で
大丈夫なものにすることができます。
内側の完全な安らぎ

すべてあるがままに。
完全で、
愛に満ち、
真実です。

それは光を得る
ということではありません。
目覚めとは、
闇の中でも
穏やかに「大丈夫でいる」ということです。
甘美さか
苦痛か――
たとえ選択肢があったとしても
あなたは選択することができません……
あなたはただ
それが何であれ、
本当に存在するものを、

ずっと
あるがままにしておけるだけです。

——本章は、1998年11月26日に英国のロンドンで行われたジョンと聴衆との対話から抜粋したものです。

質問者：あなたは、「真なるもの」について、そして最も小さな嘘についても、そして存在が（どのように）脇へ退き、嘘をつくのを許すのかについて話されていました。私は沢山嘘をつきますし、時々、いくつかの嘘の中で迷子になったように感じることがあります。カルロス・カスタネダのドン・ファンの本を読んだ（ことを思い出します）。カスタネダは、いわゆる「導師」と一緒に崖っぷちにいて、二人は手をつないでいます。この本の最後の言葉は、彼らが一緒に飛び降りると言っていいます。本当に、そんなことができるのでしょうか――たった今あなたの手を取って、飛び降りることはできますか？　私は本当に引き返したくないのです。私たちが行ける境界は存在するのでしょうか？　私にはその境界がどこかにあるのかさえ分かりません。私たちにそんなことができるでしょうか？　私は痛みを感じたくありませんし、傷つきたくありませんし、身動きが取れないような感じにもなりたくありません。

ジョン：それは何かおかしいですね。

身動きが取れないということがですか?

身動きが取れないということには何も問題はありません。

(でも)何か問題があるように思います。私はそんな経験はしたくないのですから。

身動きが取れないということには全く問題がありません。身動きが取れないように**感じ**たくないという、それが困るのです。

そんなふうにはなりたくありません。それは、クリシュナムルティが話していたことに似ています。家が燃えているのを見たら、家から飛び出す。燃えている家の中でじっとしていることはない、と。

いいえ、あなたはじっとしています。あなたは、燃えている外側の家からは飛び出します。**内側の**家が燃えていても、あなたはその**中にいます**。それは、本当の状態をただ受け入れるということです。内側の場所を変える必要はありません。内側で火事が起きていること、あなたがその中にいる時に、あなたの**内側の**家が燃え上がっていることのどこが問題なのですか?

生きたまま焼かれてしまうか、さもなければ、その火から自分を守ります。

だったら、内側の家の中で死んでも大丈夫だと温かく受け入れるようになることです。

つまり、ただそこで横になっているということですか?

温かい気持ちで。そうでないとすれば、あなたはまだ別の場所にいることを望んでいるということです。うまく行く唯一の受け入れは、**温かな**受け入れです。

黙って従うことと、「一体なぜ私はここから出て行かないのだろう、それなら、ただ横になってテレビを付けた方がましだ」というのと、何か違いがありますか?

それは冷たい受け入れです。

では、ただ横になって、テレビを付けて、それから……、それは単なるあきらめです。それは**受け入れていない**ということです、自分の思うように行かないから。自分が光でなければ、あなたはどんな輝きを放つこともできません。あなたは暗闇の中にいることができます。暗闇の中にいることを温かく受け入れることができれば、それが、光が**やって来る**場所です。光は、受け入れていない、「大丈夫じゃない」場所からはやって来ません。光は、深く受け入れられている場所からしかやって来ないのです。あなたが暗闇の中にいることを無条件で受け入れれば受け入れるほど、より多くの光が存在するようになります。あなたがより多くの光を欲しがったり必要としたりすればするほど、まさに受け入れていない、「大丈夫じゃない」あり方の中で、その暗闇はより強くなります。

乾き、虚しさ、暗闇、生気のなさ、絶望、盲目があったとしても、あなたはその状態を絶えず温かく無条件で大丈夫なものにすることができます。内側で完全に安らげるようになります。この状態がいつか変わらなければならないという必要性を手放し、いつかそれを変えなければならない、直さなければならないという必要性を温かく手放すことによって。その中のどんな小さな部分も変わる必要はありません。すべてはありのままでいることができますし、あなたにできることは、その中でただ大丈夫な状態でいること、本当に大丈夫な状態でいることです。大きな力を持つ誰かに、「その中で何か変えたいものはありませんか」と聞かれても、どう答えていいか分からないくらい大丈夫な状態でいることです。

このような「大丈夫」はあまりにも完全で、欠けたものがなく、内側が穏やかで、真実で、生命力にあふれ、愛に満ち、癒しをもたらしてくれるために、その中でもしそれが変わったら、その「大丈夫」がもっと良くなるだろうと正直な気持ちで考えられるようなものは何も存在しなくなるでしょう。そして、あなたは何が本当であるのかに目覚めるでしょう。それでも、あなたがいる**場所**の中では何も変わりません。その場所の**中**で、ただ**あなた**が別人になるだけです。

本当の目覚めは、道路の分岐点に差し掛かった時に、一つの道が無上の喜び、至福であり、もう一つの道が完全な苦痛や苦しみであったとしても——あなたを完全に引き裂くような——、どちらに行けばいいのか分からないという時に起こります。あなたには好みがなくなるのです。その分岐点の入り口であなたがやることは、自分の存在からやって来る最も小さな、ごく小さな指針に基づいて判断することです。もしほんの少しでも、存在が好むごく小さなものがあれば、どちらかの方向に向かうごく小さな引力が働いていれば、**それ**が、あなたが進む方向を決めてくれるでしょう。そして、一つの道が無上の喜びでもう一つの道が苦しみであるという事実は、あなたにとって全くどっちでもよくなります。それが自由です。

あなたが無上の喜びの中にいて、そのことに満足していて、その状態を喜んでいるとしたら、あなたはもっと苦しむことになるでしょう。愛着なしに、えり好みせずに、そこにいることができなければ、無上の喜びには何の価値もありません。同様に、愛着なしに、えり好みせずに、その中にいることができなければ、苦しみにも何の意味もありません。あなたが目覚めるようになった時、そして特にその後であなたが悟りを開くようになった時は、今想像もできないような痛みの中でも自由に存在していられるようになります。ですから、もし今痛みを受け入れられないというのなら、あなたは本当には目覚めや悟りを求めていないのです。

目覚めは、無条件の受け入れ、大丈夫のためだけにあるのです。自分自身を無条件で大丈夫な状態にしていれば、どのような「大丈夫じゃない」状態にいても、目覚めは**起こり**ます。そして、そのように汚れのない澄んだ正直な本当の存在の場所にとどまっていれば、考えられる、あるいは考えられないどんな圧力を受けても大丈夫であれば、悟りが起こり始めます。悟りは、深い受け入れ、深い「大丈夫」が存在する大きな闇の中でしか起こりません。それは光を得るということではありません。それは、闇の中でも穏やかに「大丈夫」でいるということです。

あなたが私の手をつかんで崖から飛び降りるとしたら、私は、あなたが今知らない「大丈夫じゃない」場所、深み、底知れない深い穴に飛び込むでしょう。そこに飛び込むのは「大丈夫」であり、その「大丈夫」はそれ自身がどんな深みに入って行くのもためらいません。私は、大丈夫な場所には飛び込みません。でも私は、その中に飛び込むのが本当だと知っているものなら、どんなものに飛び込んでも――躊躇なく――**大丈夫でいる**でしょう。

あなたが私の近くに来れば、最も深いところにある存在の本当のあり方としての私の存在に近づけば、あなたは、「大丈夫じゃない」ことの様々な次元や深さの中にある「大丈夫」のことを深く知るようになるでしょう。あなたは、自分から出て来るものがすべてまばゆい光——**本当の**「大丈夫」のまばゆい光——になるような、途方もない「大丈夫じゃない」の内側にある「大丈夫」の深さのことを理解するようになるでしょう。そして、その「大丈夫」の光が、あらゆる種類の「大丈夫じゃない」の内側で輝くようになるでしょう。光を持つ人だけが暗い場所に本当に入って行けるのです。

もしあなたが完全な目覚めに達して、悟りに入って行くとしたら、そして、内側が暗く乾いていて傷つきやすく病んでいて、全く大丈夫じゃない、全く希望がない、内側で何も見ることができない人と出会ったとしたら、あなたは、ためらうことなく、ずっとその人と席を交換していられるでしょうか？ それとも、ためらって、少なくともあなたが今いるところを何とか守ろうとして、自分が今持っているものを維持できる範囲で、何かを与えるでしょうか？ 本当の思いやりというのは、ただ席を交換することに全くためらいがないということです——そして、それが別に大したことではないというやり方で、それを行うことです。それは犠牲でさえありません。そうすることがただ大丈夫なだけなのです。それが愛というものです。

もしあなたが私のあとに付いてきたとしたら、私があなたに教え、あなたに示すことはただ、どのようにして思いやりのある人になるかということだけです。あなたは、まず**あなた自身**に対してそのことを学び、そして「大丈夫」でいることの単純さとともにそのことを学ぶことになるでしょう。あなたは、いかにして、どのような状況の中でも内側で温かく**安らいでいる**かを学ぶでしょう。いかにして、どんな圧力の中でも、どんな「大丈夫じゃない」の中でもくつろいでいるか、内側で温かくくつろいでいるかを学ぶでしょう。あなたは、優しさに満ちた受け入れに、自分の中のどこにでも行ける自由を持たせる方法を学び、常にそれと同調して動くようになるでしょう。常にそれに黙って従うようになるでしょう。どんな圧力を受けても、決して大騒ぎすることはないでしょう。内側で不平を言うことは決してないでしょう。内側で不満を漏らすことは決してないでしょう。内側のどんな「大丈夫じゃない」の中にあっても、あなたが示す反応は、純粋な、思いやりに満ちた「大丈夫」になるでしょう。

その時、私はあなたにもっと多くのことを教えることができます。あなたをもっと深い場所に連れて行くことができます。その場所では、どんなものもあなたをそこから引っ張り出すことができないほど、最初の教えが内側で完全に定着し、根付き、不動のものになっているはずです。あなたは、あらゆることを**あるがままに**受け入れる完全な「大丈夫」である存在のあり方に**そこまで**自分を明け渡すようになっているはずです。一度その準備が整えば、あなたには行ける場所が沢山でてきます。その準備が整っていなければ、そこが、あなたが行く最初の場所になります。このような存在の本当のあり方が、あなたがこれまでずっと**本当は**決して十分ではないと知っていたほかのあらゆる存在のあり方に全面的に完全に取って代わるまでは、これが、あなたが内側で身を委ねる最初のあり方です。

この場所が、私がやって来たところであり、この場所が、私があなたを連れて行ける唯一の場所です。内側で自分を完全に開放し、本当の成長、本当の動き、本当の流れのまさに最初の場所に立てるように。ここは、**到達場所**ではありません――ここは、始まりの場所に立つのです。自分の内側で自分を**開放するこ**とのできる**場所**です。こうして、あなたは始まりの場所に立つのです。

このような場所が広がれば、そこが、すべてが始まるところです。そこが、あなたが存在としてどのように動き回るかを学び始めるところです――中に自我が存在しない動きを――。あなたは、存在として**動き回る**こと、存在として**振る舞う**こと、「存在であること」を**行う**ことを学びます。ほかの人の人格に触れることなく、彼らの自我――彼らの「大丈夫じゃない」――に触れることなく、どのように「存在であること」を伝え、知らせるかを学びます。あなたは、内側のずっと深いところで、はるか下の方で、彼らの「大丈夫」だけが触れられるような方法で、どのようにそれを行うかを学びます。それに身を委ねるための柔らかな抵抗し難い反応だけが起きるような方法で、それが表面までずっと引き上げられるようになります。そして、それによってほかの人は、大きなものだと思っていた、自分が内側で自分を振り回すのを許していたもの――自分の人生をひどく惨めなものにしていたもの――をすべてあとに残していくようになります。

あなたは、その人を振りまわしていたものにエネルギーを与えずに、その人の内側で触れられたごく小さな部分が小さな芽のように成長し始め、その人の中で生命の木が姿を現し始めるまで、ごく小さな部分だけに反応することを学びます。それは、どんな暗闇の中でも、ひたすら素晴らしい状態で家にいる方法を学ぶということです。悟りは、温かな状態で暗闇の中にいられるようになったことの成果です。あなたが光をもたらすことができるのは、たとえ光がなくてもその中で自分が本当の姿で**存在して**いられるような暗がりだけです。

私は、最悪の状態の中を通って、あなたを「家」に連れて帰るでしょう。その時あなたは、最悪の状態の中でさえ、どれだけ「家」がずっと近くにあったか気付くでしょう。これらは、私が人々をそこに**連れ戻す**ために**出てきた**元々の深みですが、非常に素晴らしく大丈夫なやり方でそうするのです。これが、私が持っている良い知らせです。

一度このようなエネルギーを招き入れれば、その痕跡を消すことは決してできません。それは、あなたの存在がずっと愛している唯一のエネルギーです。それは、自我がその中では自分に勝ち目がないと実際に知っている唯一のエネルギーです。そのことによってあなたは、そのエネルギーの甘美さを招き入れているのと同じだけ深く、自分がどれだけ深くそのエネルギーに貫かれているのかということをはっきり理解するようになるでしょう。その甘美さを招き入れるということは、自分自身に何が本当であるのかを味わわせる許可を与えるということです。それがすべてを変えてくれます、努力することなく。その甘美さによって、「大丈夫」の深み、本当に深い「大丈夫」が広がります。そして、その「大丈夫」、その最も深い本当の安らぎが、どんな苦痛のさなかにあってもどのようにすれば大丈夫でいられるかをあなたに示してくれます。甘美さの中で大丈夫でいることも、苦痛の中で大丈夫でいるのと同じくらい簡単です。一つは心地よく感じられ、もう一つはそうではないというだけです。

あなたはすでに（受け入れること、「大丈夫」を）惜しみなく分け与えてこられましたが、もう少し分けていただけませんか、それはすべての人に行き渡るのですか？……私にも少し分けていただけませんか？

あなたは何も必要としていません。誰もどんな「大丈夫」も必要としていません。あなたは、もう二度と大丈夫でいられないことを自分自身に無条件で受け入れさせることができます。それが「大丈夫」ということです。あなたは、「大丈夫」を感情と同じように考えています。「大丈夫」は感情ではありません、それは思考ではありません。それは、内側の正直さと明け渡しのあり方です。それは、ただ本当である**存在のあり方**です。

あなたがそこにいる男性に話していることを聞いていましたが、とても恐ろしいことのように思えました。

その人に話していることで、私は**あなた**の中の正直さも刺激していました。

私の中のですか？　私はてっきり、**あなた**と話すことが必要だと思っていました……。

内側では、あなたは何も必要としていません。あなたはもう、何かを**手に入れ**ようとする必要は全くありません。あなたは、**誰かほかの人**が実際に**「大丈夫」の中で生きている**ことを愛することができます。それで十分です。それがどこかほかのところで実際に起きていることをいつくしむことができます。そして、それで十分です。それがあなたの中の「真なるもの」に対する愛になるでしょう。なぜなら、あなたの**外側**でそれを見ることができるのはあなたの**中の**「真なるもの」だけだからです。あなたにあなたの外側の「真なるもの」を認識させるのは、内側にあるあなたの正直さだけです。あなたがあなたの外側でそれを見ていて、あなたがただそのことを愛しているとすれば、それは、あなたの中の同じ部分が、あなたの純粋な内側の正直さとその正直さが明らかにしていることに対する明け渡しを通じて、努力することなく活性化され始めているからです。

その内側の正直さに自分を明け渡せば、自分自身が自分の**外側**の生きた「真なるもの」を愛していることに気付くでしょう。そしてそれが、あなたの**内側**の生きた「真なるもの」に栄養分を与えるようになります。その時は、誰かがそれを受け取っている限り、誰がそれを受け取っているかは実際のところあなたにとってもはや問題ではなくなります。もし誰かがあなたに生きた「真実」を注ぎ込んでいるとすれば、あるいは、あなたのそばの誰かに生きた「真なるもの」を注ぎ込んでいるとすれば、そしてあなたがその「真なるもの」に対する純粋な愛を持っているとすれば、どちらが選ばれたとしても全く違いはありません。あなたはただ、それが注ぎ込まれていることを愛するようになるでしょう。

隣の人に「真なるもの」が注ぎ込まれていることを全く気にしていないとすれば、それは、その人がすでにそれと同じところにいるか、少なくともそこに至る道のどこかにいるということですね。

あなたがそのようになるために必要なことはただ、正直でいること——ただ単に正直でいることです。そうすれば、「真なるもの」がどこに注がれていようと違いは**ありません**。「その人」の代わりに「私」にと言うのは、不正直さだけです。正直さはこう言います。「**どんな**方法でも**誰でも**いいので、注ぎ込んでください」と。

それは悟りですか、それとも目覚めですか？　目覚めの前ですか？

それは目覚めの前の前です。それは単に正直さ、本当に純粋な正直さです。そして、そのような正直さを招き入れることが目覚めをもたらしてくれるのです。

それは、正直さという言葉で私が理解していることとは違っています……正直さには、ある種の慈悲深さや善意も含まれています。

そこには善意はありません。ただ正直に、どこに「真なるもの」が注がれるのが一番本当なのか分からないということです。なぜなら、あなたは、どちらの方がいいか分からないからです。もしあなたが内側でただ単に正直であったとしたら、その反応は、「私には分からない」というものでしょう。何がいいのかあなたが**知っている**のは、どこであれ、どんな方法であれ、「真なるもの」が注がれるということです。

それはとても現実離れした筋書きのように聞こえます。

しかし、そうではありません。私が誰かと「つながっている」時、**誰か**がすでにつながれていて、本当のことが実際に起きているとあなたが理解しているとしたら、**あなた**はどうして「つながれたい」と思うでしょうか？　その時あなたが心から正直であれば、そこで「真なるもの」が起きていると分かるでしょうし、それで十分だと分かるでしょう。あなたにとって、それがすべてになるでしょう——ただそれが起きていることが。

私には、それが何であれ、「真なるもの」を得るためには、夢中で手を振って、あなたの注意を引かなければならないという思いがあります。私には完全に受け入れる力はないかもしれませんが、それが受け入れのプロセスを始めることに向けた私の努力なのです。私は、ここに来てあなたに会うという努力を払わなければなりません。さもなければ、家にいて、こんなふうに言っているかもしれないからです。「すごいわ、ロイヤル・ナショナル・ホテルには数百人もの人がいて、『真なるもの』で満たされているなんて。すごいわ――私は家にいて、コロネーション・ストリートを見ているのに」と。

そうだったら、本当によかったです。なぜなら、そうしていれば、ほかの人がここで手に入れているものを**手に入れる必要がある**という思いに対する、あなたの感情的な愛着を断ち切っていたからです。それでもあなたがやって来たとすれば、その理由は、やって来るという**引力があなたの中にあった**からにほかなりません。それは精神的な引力でもなければ、感情的な引力でもなく、ただ最も小さな**存在の引力**であり、それだけであなたがやって来るのに十分です。それは、やって来るための唯一の素晴らしい本当の理由です。それ以外の理由はすべて、単なる感情的、精神的なものです。それらも理由であることに変わりはありませんが、良い理由ではありません。

私は月曜日の夜にあなたに会って、こう思いました。「私はもうここには来ない、あなたには会いに来ない、前にもそれを聞いたから」と。そして火曜日の朝、目が覚めて、こう思いました。「いや、やっぱりもう一度行こう」と。そして普通とは違った感じがしましたが、あなたが話していること、あなたが説明していることを自分が分かっているのかどうか、自分がそれを経験しているのかどうか、そして……正確にそれが何であるのか、まだ確信が持てずにいます。

私はあなたを**知っています**が、あなたの中には、私が今経験している引力があります。

それが私をここに連れて来た引力なのですか？

混ざり合っています。

ほかには何があるのですか？

感情的、精神的なものですが、引力のその部分は重要ではありません。あなたを**本当に**ここに連れて来るのは存在の引力です。混ざり合っているとしても、それでもそれは本当の引力です。ただほかの引力に囲まれているだけです……ただ**部分的に**本来あるべきでないものになっているだけです。

あなたが説明されたようなごくわずかな引力は、どのようにすれば感じられるのですか？　あなたがおっしゃっていることは、どうすれば分かるのですか？

分かる必要はありません。あなたが内側で正直であれば、あなたが理解していないように見えても、それは問題ではありません。あなたは理解しなくても、内側で安らぐことができます。唯一つ重要なことは、あなたは自分が内側で**知っている**ことをほかから引き離すことができるということです。そして、それに身を委ねられるということです。あなたは、あなたが本当だと**知っている**ものに身を委ねることができるのです。

「自分が本当だと知っているもの」というその呪文のような言葉は、私にはどうも合点がいきません。

あなたはどちらが本当であるか知っていますか、本当に本当に**知っています**か？　内側で何かにしがみつくことですか、それとも内側でそれを手放すことですか？　あなたはどちらが**生きた**「真なるもの」であるか知っていますか――苦しみにしがみつくことですか、それとも穏やかになり、開放されることですか？　あなたが内側で辛い思いをしている時はいつでも、存在の引力、その苦しみの中であなたがいる場所にやって来る非常に優しい引力があります。それが、あなたがしがみついているものを手放すように、あなたを引っ張り、動かし、促します。

私の中では二つのことが進行しています。辛さがなくなるとホッとするのですが、同時に、それを呼び戻して、自分が何かに辛い思いをしても仕方がないと思ってしまうのです。

あなたが内側で静かになり、穏やかになったとしたら、どうですか？　その時は、そのようなあり方は終わるでしょうし、何かを**仕方がない**と思う代わりに、何かを**手放す**ようになるでしょう。それが生きた「真実」です。それは、すべての人にとってそうであるのと同じように、あなたにとってもそうです。それは、絶対的なもの――生きた絶対的なものであり、すべての人の内側で絶えず引力のように働いています。

本当に生きている、**本当に**本当である存在のあり方にはたった一つの**生きた**あり方しかありません。それ以外の存在のあり方はすべて、合理的に説明したり、立証したり、結び付けたり、擁護したり、保護したりしなければなりません。それ以外の存在のあり方はどれも、ある程度の不正直さが必要になります。

私は、代償を求めたりすべきではないような気がしますが、かといって訴訟問題に巻き込まれるべきでもないような気がします。そんなふうに考えるのは間違っていますか……それが、あなたが話しておられることではないのですか？

あなたは、表層的な理由で**外面的な**権利を主張することはできますし、何かを対外的に正当化することもできますが、**内側では**そうはしないでしょう。もしあなたが訴訟を起こしているとすれば、それは表層的な部分で行われるのであって、**内側で**権利にしがみつくことによって行われるのではありません。それは、どんな結果になってもあなたにとって違いがないような、内側が開放された、穏やかで安らいだ状態で行われるでしょう……勝っても負けてもどちらでも構わないのです。

時々、それが本当につまらないことで始まり、とても深刻で張りつめたものになることがあります。

深刻になって、**内側で**取りつかれたようになる時は、たとえ**外側で**あっても、それを手放した方があなたははるかにいい状態になります。あなたが達成しようとしていること、あるいはやろうとしていることが何であれ、外側で何かを達成するために内側であなたが閉じてしまったり、硬くなったりしなければならないようなら、それにはそれだけの価値はありません。

それは受け入れにくいですね。

それが**生きた「真実」**です。それが、あなたが内側で正直になった時に、本当だと分かり、実際に本当に素晴らしいと分かるものです。あなたが内側で素晴らしく開かれたままで、穏やかなままでいられるのなら、そうするためにあなたが閉じてしまったり、硬くなったりする必要がないのなら、あなたは自分の外側でどんなものにも自分の好きな方法で対処することができます。あなたが開かれたままで、穏やかなままでいられれば、あなたはただ自分が好きなようにすることができます。あなたが何をやっているかは関係ありません。自分の外側で何かを成し遂げるために、内側で閉じてしまったり、硬くなったりするのに値するものなど決してありません。あなたが悟りのような何かを得ることができたとしても、それを達成するためにあなたが内側でやらなければならないことがただ閉じることであったり、硬くなることであったりするのなら、あなたの悟りは完全な浪費であり、完全な破滅です。

あなたは、そんなふうに起きることもあると言っているのですか、それともそんなことが起きたら、それは破滅だと言っているのですか？

何かにしがみつくことによって、悟りや何かほかの本当の価値を持つものを獲得したり、手に入れたりできるとしたら、それは完全な破滅です。そして人は、いつもそういうふうにやろうとするのです。もし自分の最も深いところにある存在へと内側に手を伸ばして、非常に素晴らしく、非常に完璧なものをすべて簡単に引っ張り出せるとしたら、人はそれを手に入れ、人生のあらゆるところに広げて、自分の人生を本当に素晴らしいものにしようとするでしょう……そしてそれが、誰も、不正直さがある時に最も深いところにある存在の中に入れない理由です。

不正直さが最も深いところにアクセスできるとしたら、人は最も深いところまでずっと自分を駄目にしてしまいますが、実際には、最も外側の部分を駄目にするだけです。最も深い部分は駄目になったりしません。意識の最も外側の部分で何かが駄目になると、そのとたんに意識のその部分は中に入ることができなくなります。そして、それはいいことです。

意識が中に入れなくなることがいいことだと言われましたか?

今歪んでいたり、ねじれていたり、腐敗したりしている最も外側の意識にとっては、最も内側の部分に向かって手を伸ばせないのは本当にいいことです。内側へのアクセスはないのです。

意識の最も外側のその歪みが、元の存在のあり方に戻るまで自分自身が正直になることを許し、自分自身が「歪んでいない」状態や「ねじられていない」状態になることを許すと、すぐに最も外側の意識は簡単に真っ直ぐ中に手を伸ばせるようになります。しかしその時、それが真っ直ぐ中に手を伸ばすようになる唯一の理由は、何かを手に入れる必要など感じずに、ただ最も深い部分に自分自身を明け渡すからです。最も外側の部分が、最も深い部分の方が自分より価値があると認識するのです。

最も外側の意識が最も深い部分に自分自身を明け渡すようになり、それによって、最も深い部分が最も外側の部分の中に入り、流れ込むのを許されるようになります。流れの交換が起こり、二つの部分が一つになります。これら二つの部分が一つのものとして統合されるのです。そして最終的には、もはや最も深い部分と最も外側の部分という区別はなくなります。一度統合されると、二つの部分は同じものになります——それらは統合された全体になるのです。

それは良心と何か関係がありますか？

それは、決して従ってはいけないものです。自分の良心に従うことは、「真なるもの」から遠ざかる確実な方法です。あなたの良心は、本当であるものを決してあなたに示してくれません。あなたの良心は、あなたが本当だと**教えられた**もの、あなたが本当だと**考えている**もの、社会が本当だと言っているもの、本当のものとしてあなたの中でパターン化されたもの、深く染み込んだものをあなたに示すだけです。良心には多くのレベルがありますが、最も深いレベルのものを除いて、それらはすべて、程度こそ違いますが、役に立ちません。最も深いレベルの良心とは、あなたが実際に心底まで正直であるのか、それとも実際には心底まで不正直であるのかをただ見分けるものです。その最も深い形の良心は、最初の良心であり、あらゆるレベルの教え込まれた良心に先行するものです。それは、ごくごく小さな根っこです……それだけが、あなたの存在の最も深いところの基本的なあり方が正直であるのか、それとも不正直であるのかをあなたに教えてくれます。

そこから良心の階段を上に上がれば上がるほど、それは価値のないものになります。パターン化された形の良心の中に深く入れば入るほど、それはつまらないものになります――それが教えられたものであれば、あなたは朝起きた時に顔を洗わないことにやましい気持ちを持つことさえあるのです！　それもまだ良心ですが、価値のないものです。その種の良心は価値判断であり、あなたは馬鹿げた価値判断の中で教え込まれたり、条件付けられたりすることがあるのです。

あなたは実際には本当の価値判断を下す素晴らしい能力を持っていますが、まさに根本の根っこ――本当の価値判断を下すためのあなたの価値判断能力の最初の最初――までずっと下りて行かなくてはなりません。そして、あなたが下せる、本当であり真実である唯一の価値判断とは、核心部分の正直さは価値があり本当であるが、核心部分の不正直さはどんなものも価値がない——それは本当ではない——ということです。

我々は、良心の正直さというそこまで素晴らしい生きた根っこまで行くのが好きではありません。いくつか階段を上がって、自分の良心の中で楽しく遊べるものを自分自身に与えるのが好きなのです。我々は、自分は「最善を尽くしている」とか、自分は「何かに取り組んでいる」と言うことで安心し、自分自身を正当化したいのです。しかし、それらはどれも、本当には何の意味もありません。なぜなら、本当に重要である唯一の場所に焦点を合わせることが起きていないからです。実際には本当には重要でない、どこかずっと上の方でそれが起きているのです。

正直さが何であるのか、どのようにして正直になるのかが分かると、私にはまだここから先に進む準備が整っていないような気がします。

正直さというのは、まさにあなたの存在の本当の傾向です。不正直さというのは、単に思考や感情、直感、あるいは努力して内側で自分自身を心地よくしたい、幸せにしたいという願望にすぎないものに身を任せるということです。存在には、非常にもろく、非常に繊細で、非常に弱いという本当の性質があります。存在は自分自身のことを押し付けたり、無理強いしたりすることは決してありませんが、あなたが心地よくある必要はない、幸せである必要はないという、純粋で本当の示唆を常に与えています。それは、そっと優しく「触れる」ことや小さな声で囁くことで、常にあなたにこう話しかけています。「あなたの思考や感情、あなたの直観や肉体、意志の中であなたが今、大丈夫じゃないと思っていることはどれも、内側では本当は大丈夫です……あなたはそれを簡単に、そっと優しく手放すことができます」と。

対話6　穏やかな正直さが万能薬

１９９８年11月24日、英国、ブリストルにて

あなたは意識です。
あなたはあらゆる領域にわたる意識を持っています。
あなたの内側にあるのは、
宇宙の中で最も偉大な力です。
あなたは「選択することができる」のです。

誰もあなたのために選択してくれません。
あなたが選択するのです。
あなたは自分の最も深い部分に忠実になることもできますし、

自分が本当であってほしいと思っているもの、
本当であってもらう必要があるものに
忠実になることもできます。

あなたは自分自身の真実を選ぶこともできますし、
唯一の「真実」に身を委ねることもできます。

宇宙の中で最も偉大な力は、
あなたの中にあるのです。
それはすべてあなたの中にあります。

――本章は、1998年11月24日に英国のブリストルで行われたジョンと聴衆との対話から抜粋したものです。

質問者：今年、結婚が破綻しました。感覚がまひした状態やショック、周りの人たちに与えている痛みといきなり向かい合うようになったのは、私たちが別居してからです。今は、結婚していた時と過去半年間の（自分の役割）を理解しようとしています。私がやらなければならないことやこうあるべきだということは何かあるでしょうか……私にはよく分からないのです。この結婚を続けなければいけないのかどうかさえ分かりません。

ジョン：結婚が終わりを迎えたこと、あるいはそれが今ある状態は、実際にはあなたがどのように結婚**した**かの核心部分、本当の核心部分を表しています。

私たちが結婚したのは、私が妊娠したからです。

そのことは別として……そのことは核心部分とは関係がありません。それは浅い部分であり、表面的なことです。それは本当には、深いところでは何も意味していません。あなたは、**あなた**のために結婚したのです。それが結婚を駄目にしたのです。なぜなら、結婚は**あなた**のためにするものではないからです。結婚はあなたの最も深いところにある存在のためにするものです。「真なるもの」の生きた本質が、別の存在と一緒にそれ自身を表現する場所を持つためにあるのです……**「真なるもの」**のためにあるのであって、**あなた**のためにあるのではありません。

あなたがどのように結婚を始めるか、あなたがどれだけひどく心を奪われているか、どれだけ仲がいいか、どれだけ結婚が完全であるか、どれだけうまく行っているか、どれだけ気が合っているかは重要ではありません。それらはどれもほとんど意味のないことです。結婚が長続きしないのは、**あなた**が結婚を駄目にしているからです。あなたが心を奪われている時は、結婚はとても素晴らしく、とても平穏で、あなたを幸せにしてくれるものがたくさんあります――あなたはこれまで探していたものを全部見つけたのです。しかし、それらがすべて**あなた**のためであることに気付いた時……結婚はすでに崩れかかっています。それがどれほど本当であるのかあなたがはっきりと理解するのにただ時間がかかるだけです。結婚がどのように終わるかは、あなたがそれを実際にどのように始めたかを示しているのです。

もしあなたが考えられる最悪の結婚をしていたとすれば、それは良いスタートになるでしょう。それは本当に素晴らしいスタートになるでしょう。なぜなら、その時あなたが目にするものは、すべて本当に**ありのまま**だからです。あなたは、**あなた**が望んでいるものや**あなた**が必要としているものが何一つ満たされていないことを理解するでしょう。結婚がこうあるべきだとあなたが考え、感じ、期待していたものが何もないという認識がそこにはあるでしょう。そのことを認識して、あなたは、**本当の**結婚がどういうものなのかを知る入り口に立っているでしょう。

あなたが**本当に**素晴らしい結婚、素敵な結婚、良い結婚から出発する時は、それが**実際に**素晴らしいもので、**本当に**満ち足りたもので、そこに何か**本当の**ものがあるという幻想を抱いてしまいます……しかし、本当はそうではありません。あなたの見ている「良いもの」が**あなた**の幸せのためである時は、あなたの目は**本当に**そこにあるものに対して閉ざされています。あなたは**あなた**が望むものや**あなた**が必要とするものの最も**外側の**満足しか見ていないのです。その結婚の「真実」は、意識としてまだはっきりと理解されていません。なぜなら、意識の**最も深い部分**に注意が向けられていないからです。あなたは意識として、「真なるもの」のための結婚はしていなかったのです。あなたは意識として、あなたのための結婚を理解するようになっていただけです。

結婚がひどい状態から出発した時は、あなたの目は開かれていて、あなたは見ることができます。それは結婚のための素晴らしいスタートです。なぜなら、あなたがやらなければならないことはただ、非常に愛情に満ちた「大丈夫」を招き入れることだけだからです。結婚を**ある**

がままにさせておくということです。つまり、あなたのためにそれが変わる**必要**は決してないが、それが変わる**ことはある**ということ、それが修正される必要は決してないが、あるがままの結婚の中で自分自身を**くつろがせる**こと、あなたが、優しさや穏やかさとともに、その結婚の中に**いる**ことに見事に大丈夫でいること、そして結婚が、あなたが慣れ親しんでいる**あなた**のためにあるのでは全くないことを受け入れるということです。**ただ**本当の生きた「大丈夫」があなたの最も深いところからずっとあなたの中を通って、それ自身を表現する場所を持ったために、あなたの内側深くにあるその「大丈夫」のために結婚生活を送るつもりはありませんか？最も深い部分がこのひどい結婚の中で姿を現し、その中でただ**存在する**ようにしてみるつもりはありませんか？

　どんな結婚にもある唯一の価値は、あなたが結婚について**あるがままでそれくらい**大丈夫でいることです。あなたが自分の結婚についてあるがままで**それくらい**大丈夫でいれば、あなたは**そこまで**ご主人を受け入れられるようになります。ご主人の中のどんなものも、あなたのために変わる必要はなくなります――ご主人はそのままで構わないのです。ご主人が本当に変わる必要がないということが、あなたの内側で**温かな**ものになるでしょう。

　あなたの存在のあり方が「大丈夫じゃない」から「大丈夫」に変わり、姿を変えれば、あなたの内側からあなたの中を通って外側に動く流れが生まれます。それは、その中で何かを**握りしめたり**することのないエネルギーです――それは何かを**手に入れる**ことを期待したりしません。握りしめたり、手に入れたりすることはなくなります。それは、大丈夫でいるためだけに流れる安らぎ、「大丈夫」、受け入れのエネルギーです。それに触れられたものはすべて、穏やかな安らぎ、受け入れ、「大丈夫」と一緒にいることになるでしょう。それに触れられたものはすべて、努力することさえなく癒されるでしょう。

そのエネルギーがご主人に対して行うことは、二つのうちのどちらかです。一つは、ご主人があなたの中のその種のエネルギーに対して自分自身の存在からやってくる反応に答えようとする、信じられないほど強い引力をもたらすことです。ご主人は、彼自身の内側の反応に答え、それに完全に身を任せたくなります。なぜなら、それはとても抵抗し難く、とても素晴らしいものだからです。それは、彼が本当はこれまでずっと探してきたすべてなのです。もう一つは、ご主人がこの種のエネルギーと一緒に生きることを拒み、心を閉ざすことです。彼は、この上なく「大丈夫じゃない」ことにこだわり、どんなものにも気持ちを傾けようとしなくなります。そして、さらに惨めになるか……あるいはどこかに行ってしまうでしょう。

あなたはスタートするのに**この上なく素晴らしい**結婚をしています。あなたはもはや、**あなた**のために──幸せになるため、心地よくなるため、安心するため、欲しいものを手に入れるため、愛されるために──結婚生活を送る必要はないのです。あなたはそのどれも必要としていないのです。愛される必要はないのです。なぜなら、**そのままの**ご主人でいいと思えるからです。ご主人は、あなたを愛する必要はありません、**あなた**のために。あなたは彼の愛があってもいいし、彼の愛がなくても同じようにいいと思えるようになります。
どちらがいいということがなくなれば、あなたは無垢な状態でいられます。一つのことと別のことの間で選択することがなくなり、どちらか一つを得ようと努力することがなくなります。そして、あなたが選択したり、えり好みしたり、奮闘したりしなくなることで、ご主人があなたのことを愛していても愛していなくても、あなたは同じように本当の**存在のあり方**の中に**存在する**ようになります。あなたの中には、ご主人が「触れる」あるいはつかむものが何もなくなるのです。彼が押すボタンがなくなってしまうのです。あなたの中で彼が触れることのできる唯一のものは、無垢な状態、汚れのなさ、「大丈夫」だけになるでしょう。

彼と性的関係を持つところまで足を踏み出すとしたら、それはかなり大きな飛躍になるでしょうね。

あなたが**そのくらい**大丈夫でいるとしたら、それは、全く違った性的流れを引き起こすでしょう。単に化学的性質が作用したり、ホルモンが作用したりする代わりに、あなたの**最も深いところにある本質**が、あなたの**存在**やあなたのセクシャリティの中を動くようになるでしょう。あなたの最も深いところにある意識から移動してくる、生きた「真なるもの」の本質が、開放や穏やかさを誘発してくれます。それが新しさを誘発してくれます。何かを**得よう**とする引力は存在しなくなります。内側の抵抗はなくなり、何かを締め出そうとすることはなくなります。セクシャリティを通して、純真さや愛情に満ちた「大丈夫」の流れ、癒しの流れが存在するようになります。セクシャリティは、あなたの中のその「大丈夫」の深みが自分自身を表現するためにあるのです。セクシャリティは、あなたが自分だと考え、感じているあなたのためにあるのではありません。

あなたが**あなた**のためにセクシャリティを使えば使うほど、それはより不満を抱かせるものになります。表層での経験が大きければ大きいほど、そうした経験は、内側の本当に本当に深いところで、最も深いところにある意識の静寂の中で満足感を感じさせないものになります。結婚におけるセクシャリティは、生きた「真なるもの」のためにあるのです。意識としてのあなたの内側の最も深いところにある本質がそれ自身を表現するための場所――その中でそれ自身を表すための場所――を持つために。それは、**本当の**あなたのためにあるのです。あなたが慣れ親しんでいる**あなた**のためにあるのではありません。あなたの最も深いところにある存在のためにあるのです。そして、あなたの**全人生**は、あなたの存在のためにあるのです。あなたのためにあるものは一つもありません。

あなたは今、ようやく結婚における本当に素晴らしいスタートを切っています。そして、あなたのご主人は、このようなエネルギーのおかげで、自分に元気を与えてくれたり、自分自身の中の同じ愛情に満ちた心と再会させてくれたりする、あなたの内側の愛情に満ちた心から自分自身を守るために、本当にあなたのことを嫌がり、あなたから離れて行くか、それとも、あなたを本当に愛するか――**あなた**が原因であなたを愛するのではなく、彼が知っている何かがあなたから流れているため、そして彼の内側の全く同じ場所や同じ存在のあり方に触れる、とても新しくとても清らかな何かがあなたから流れているためにあなたを本当に愛するか――、どちらかです。そしてその時は、あなたとご主人との間で存在の統合、結合が起こり始めます。あなたたちは、どちらもそれを自分自身のために使うことはありません。あなたは、**あなた**のためにそれを保持することはしません。あなたは、それがやって来た場所にそれを引き渡し、ただそれと同じあり方でその中に**存在する**ようになるのです――開放と明け渡しを通じて。

ある意味では、状況を変えるために私が実際に言葉にしたり、無理やり変えたりすることは何もないのですね――むしろ、自分がどこから来ているのか、あるいはただ自分はどうあるべきなのかということの方が問題なのですね。（主人は）結婚がうまく行くためには私が心《ハート》を変えなければならないと言いましたが、私は、これから数カ月間でどんなふうになるのか、どのように進展するか分からないと言いました。

今は分かっています。あなたは、あなたの心あるいは意識として内側に行くことができますし、最後には、そこであなたが見つけたあらゆる大丈夫じゃないものと一緒にくつろいでいられます。あなたの心全体を変えることはとても簡単です。しかし、あなたが内側で何かを大丈夫にするために自分の心の小さな部分を変えようとしても、その時に残りの部分が「大丈夫じゃない」場所で生きているとしたら、その残りの部分が、自らを破壊してしまう唯一のものをあなたが招き入れるのを黙って我慢していることは決してありません。あなたは内側で引き裂かれ、安らぎはなくなってしまいます。

あなたの心全体が「大丈夫」を招き入れれば、つまり、最も深い部分の安らぎが内側のどんな場所――どんな種類の構造物や愛着――の中に入って行くことも許されていて、あなたの内側のどんなところでもただその安らぎで**いる**ことを許されていれば、自分の心を変えるのはごく簡単です。それはすべて自然に起こります。それはとても純粋な癒しです。それは、痛みを引き起こすどんなものに対しても、あるいは外側であなたが理解していないどんなことに対しても、内側で開かれた、穏やかな状態にとどまるために生きているのです。そしてあなたは、その存在のあり方にとどまることができます。あなたが何かの判断を用いることを温かく取り除き、しがみついているものを守ろうとすることを温かく取り除いてくれる、最も深いところにある安らぎの中にとどまることができます。

内側でただ「大丈夫」があるところには、判断がありません。そこでは愛が生まれます……それ自身に対する条件がなく、終わりがないような愛――不安定になることがありえないような愛が。あなたがその中にどれだけ深く入って行くかは問題ではありません、境界に到達することはできないからです。それは、その中に境界線が一切ないような愛です。受け入れることを拒むような境界線は存在しませんし、もし何か圧力を感じたとしても、あなたはいつでもそれが中に入るのを許し、内側でそれと一緒にくつろげるようになります。あなたの最大の宝物は、全くどんなことに対しても温かく大丈夫なままでいられる**ようになる**ことです。

それは、あなたの生きた宝物です。それは、あなたの最も深いところから直接流れてくるものであり、**あなた**はそれに身を委ねるようになります。あなたがそれに身を委ねるのを止められるものは何もありません。どんな不快感があったとしても、どんな「大丈夫じゃない」があったとしても、あなたはそのあり方を生きるようになります。あなたがあなたの最も深い部分に身を委ね、あなたの最も深い部分に**あなた**の空間のあらゆる部分を通って流れさせ、それらを占有させるのを止められるものは何もありません。それはあなたの全人生を占有することができます。あなたの結婚、あなたの子ども、あなたの友達、あなたの機会のすべてを――それはあなたの全未来を占有することができます。

そして、あなたの最大の喜びは、その「大丈夫」が**あなた**を占有するようになることです。「心地よくなる」ために、あなた自身のために「大丈夫」を手に入れようとする代わりに、**あなた**が**それ**のために生きるようになることです。あなたが**あなた**をその方程式の外に置いておく限り、それは簡単でとても単純なことです。課題をすべて外に置いたままにし、開かれた状態と穏やかさを招き入れるのです。そうすれば、あなたは、小さな赤ん坊だった時にそうだったのと同じくらい内側が澄み切った状態になり、それと同じような澄み切った純真無垢で栄養分に満ちた流れが動き始めます。あなたはかつてそういう状態だったのです。あなたは**自分自身**をそこから**引っ張り出すよう頑張ってきました**が、ただ単に**自分自身をその中に戻す**のは本当に簡単です。ひどい結婚は素晴らしいことです――それは、最も深いところにある本質の最も小さな部分がまさに非常に明るく輝く場所なのです。

表層の肉体を使って「存在」を物質世界へと拡大し、広げることのできる悟りの状態になるまでは、表層の肉体はどれも余計なもののように思えます。こうした表層の肉体によってこの物理的形状を作り出したのが誰であれ、私たちが「存在」の中にいることを妨げるものを作り出すというのは、ほとんど自然あるいは神の残酷さのように思えます。

あなたの「存在」の妨げになるものは何もありません。様々な機能障害を持つ、現在の状態の表層の肉体あるいは乗り物は、「存在」の一番近くにあるあなたの**機会**です。表層の乗り物は、形の上であなたが意識としてその中に住むための、あなたにとって一番身近なものです。

あなたが、自分の歪んだ感情的な乗り物について、それを変える必要など全く感じずに今のままで大丈夫であれば、あなたは意識として、自分の最も深い部分からやってくる存在のあり方――本当である存在のあり方――に基づいてそこに住めるようになります。あなたは意識として、穏やかな「大丈夫」と一緒に、大丈夫じゃないと感じるものの中に存在するようになります。

存在する唯一の残酷さは、意識が不正直さを招き入れた時に現れます。意識が、実際には本当ではないと知っている存在のあり方で機能する時に。それが、存在する唯一の残酷さです。我々が形の上で認識するそれ以外の残酷さは、すべてその結果にすぎません。

私は特に知性のある人のことを考えていました。もし誰か知性のある人が、理性を働かせる精神的な領域に完全に入って行くとしたら……、

それは知性のある人ではありません、それは見せかけの知性を持った人です。

私はそういう人が大丈夫でいるのははるかに難しいような気がします。なぜなら、(そういう人は)大きな精神《マインド》の旅に出かけることがあるからです。

その人が正直であれば、そういうことはありません。正直さがそういうことがないようにしてくれます。正直さは、本当でないものをすべて断ち切る実在《リアリティ》のナイフです。正直さが突き抜けない、通過できない、大丈夫にできないものは何もありません。存在の正直さは、精神的な

乗り物にとって本当の痛み止めです。存在の正直さは、感情的な乗り物にとって本当の痛み止めです。なぜなら、それがもたらしてくれるのは純粋で温かな最も深い部分の安らぎだからです。

痛みとは、まさに緊張を解き明かしてくれるものです。「大丈夫」あるいは最も深い部分の安らぎを精神的な乗り物の中に入れてください。そうすればたちどころに、精神的な乗り物全体に穏やかさが広がり始め、精神的な乗り物が最終的に癒され、健康な状態になるまでそれが続きます。そうすれば、深刻な問題というようなものはなくなります。どこかで問題を見つけたら、ただその中に正直さが入るようにしてください――そうすれば、それはもはや問題ではなくなります……それは温かく大丈夫なものになります。

あなたが教えていることは、あるものを完全にあるがままに受け入れるという仏陀が教えていたこととそっくりです。(でも)仏陀は、瞑想すること、そしてあなたが言っている深い「大丈夫」を経験することを通して悟りを開く(べきだ)と言っていました。なのに、あなたが(瞑想すること)に対して「No」と言うのはなぜですか?

仏陀がそう言っていたとどうして**分かる**のですか? 我々は仏陀がそう言っていたと**思っているの**です。

あなたが悟っていると、どうして信じられますか?

私が悟っていると信じる必要はありません。あなたはただ、あなたが正直に本当に本当だと**知っている**、あなたの中の最も小さなものを信じるだけでいいのです。それはあなたが信じられるものです。そして私が話すことがたまたまあなたの中のその知っていることに触れたら、あなたはその感触を信じられるでしょう。なぜなら、それがあなたの内側であなたがすでに知っていることを動かしているからです。私を喜ばしても意味がありません。

自分の中で何かが触れられているのですが、私は抵抗しています。私は、「真なるもの」を表していると何かの形で主張していると思う人には抵抗してしまうのです。私の考えでは、あなたは真実を表していると思います。でも、これが一つのあり方だ、一つの真実だというのなら分かるのですが、これが唯一の「真実」だと言われると、平気じゃなくなるのです。

唯一の**「真実」**を知っているのは正直さだけです。不正直さも多くの真実を持っていますが、それらはどれも役に立ちません。**生きた存在のあり方**はたった一つしかありませんし、それは誰にとっても全く同じあり方です。本当に役に立つ存在のあり方はたった一つしかありません。

存在のたった一つのあり方は、最も深いところにある意識のことを表しています――あなたの最も深いところにある存在であり、**その**生きたあり方は、ほかの誰にとっても同じ絶対的な生きた「真なるもの」です。

その生きた「真なるもの」になるための方法がいろいろあることや、その生きた「真なるもの」の中に存在するあり方がいろいろあるということはありえるのではないですか？

内側での存在のあり方という意味では、たった一つのあり方しかありません。

私はむしろそこに（至る）ための方法のことを言っているのです。瞑想するのか、しないのか？本を読むのか、読まないのか？

答えを得るために自分の精神の中に入る代わりに、完全な全面的な正直さに答えてもらってはどうですか？　あなたの精神的な乗り物は、あなたが本当であって**ほしい**もの、本当である**必要がある**ものという観点からしか話してくれませんし、あなたがすでにその中に入れているものしかあなたに話してくれません。あなたの中に少しでも不正直さがあれば、あなたの精神はそれを後押しします。それは決して正直さを後押ししてくれませんし、「真なるもの」を後押してくれることもありません。あなたの精神が正直さや「真なるもの」を後押ししてくれる唯一の時は、あなたが意識として、どんなことがあっても自分自身を精神や表層の乗り物すべての中を最初から最後まで本当に正直にさせる時だけです。

それがどういうことか私には分かりません。

あなたが内側の静かで穏やかな場所にいる時、瞑想についてどんなことが本当に分かりますか?

分かりません……。

では、どうして瞑想できるのですか?

瞑想している時は、受け入れることを経験していますし、それを自分の人生に取り入れることができます。私は「大丈夫」を経験しているのです。

では、瞑想は手段のようなものだったのです――それはたまたま、あなたが自分の最も深い部分に触れるようになった時に、あなたがその中にいたものだったのです。しかし、それをしたのは瞑想ではありません。実際にそれをしたのは、あなたが瞑想している**間に**、あなたが正直さを通してあなたの最も深い部分に「触れた」ことです。正直さがあなたを最も深い部分に触れさせたとたん、あなたはすぐに瞑想に対する愛着を手放すことができますし、あなたがたまたま瞑想していた時に通った扉を通り続けることができます。瞑想を続けることは、その扉の**中に**とどまっているようなものです。あなたに入り口は必要ありません、ただ入るだけでいいのです。

私には、瞑想は、あなたが話しておられた「存在すること」、存在の状態のように思えます。

瞑想が**存在の状態**であるのなら、あなたはなぜ瞑想を精神のための技法と結び付けるのですか？　なぜそうしたものを「パッケージ」の中に含めるのですか？　瞑想が技法であるのなら、あなたはそれを手放すことができます。

それに執着しないという点は受け入れられますが、それが役に立たないというのは受け入れられません。

どんなことも役に立ちます。瞑想すること、本を読むこと、散歩すること、映画を見ること――この人生であなたができることは、どんなことも役に立ちます。なぜなら、映画を見ている時でさえ、内側に正直さがあれば、何かがあなたの中を通り抜け、動くからです。その映画を見ている**間**の正直さによって、あなた自身の最も深いところにある存在が開放され、流れ始めるからです。

あらゆる活動は、あなたが**何かを手に入れる**ための道具である代わりに、正直さが**その中に存在する**機会である限り、どんなものもすべて役に立ちます。唯一の本当の価値は、活動そのものにあるのではなく、その活動の中にある**存在のあり方**にあるのです。

自我を持たないということについて話しておられた時、あなたが言っていたのは、あなたは痛みを経験しないとか、反応を示さないとかいうことだったのですか？　あれはどういう意味だったのですか？

自我を持たずにいるということは、不正直さが個人的な課題を生み出すことがないようなあり方で生きるということです。

課題というのは、何かを求めるということですか？

課題は、願望や必要性という場所で生きています。それは、受け入れていない場所で生きており、「大丈夫じゃない」場所で生きています。自我は、「大丈夫じゃない」ところからしか生まれません。それが、自我が生まれるところです。自我は、「大丈夫じゃない」ということを表しているだけです。それは、自分自身が生まれたところしか表すことができません。それ自身の源しか表すことができないのです。あなたがもはや自我が生まれた源の中で生きていないとしたら、生きられる唯一のものは、別の源から生まれてきたものだけです。その源が「真なるもの」であれば、そして意識としてのあなたのすべてがその根源から動き、その根源のために生きているとすれば、その時、そこには自我は存在しなくなります。

別の角度から話してもらえませんか?

あなたが、自分が**本当に**やって来た根源の中で生きているとしたら、その根源に自我はありません。あなたが別の源を**作り出している**としたら、あなたが実際には本当でないと知っている源を作り出しているとしたら、その源は幻想です。あなたが幻想のために生きている時は、自分自身とその幻想を守るために、そこから自我が生まれてきます。その自我は、意識としてのあなたによって支えられているただの幻想であって、それ自身のために働いているにすぎません。

あなたが願望や必要性、つまり、あなたが本当であってほしいものや本当であってもらう必要があるものにこれ以上エネルギーを与えなければ、あなたが作り出し、今その中で生きているどんな幻想も、まるで一度も存在しなかったかのように消滅し、崩れ去ります。あとに残るのは、**本当の**あなただけです。そうすれば、自我がその中で生きるものはもう何もなくなります。なぜなら、自我はその幻想の一部だったからです。幻想が手放されると、自我は死んでしまいます。どれだけの量であっても、幻想がその中で生きる必要がなくなった時は、自我の源はなくなってしまいます。自我の命は、維持されている嘘に依存しているのです。

なぜ、意識はそれを支えるのですか?

幻想を支えている意識は、実際にはそれが本当でないと**知っている**にもかかわらず、本当であってほしいと思っている何かを信じることを**選んでいる**意識です。それは、それ自身に嘘をついている意識です。

つまり、あなたは純粋な意識について話しているのではないのですね。

私が言っているのは不正直な意識のことです。意識は、不正直になることができます。意識は、それがただの知覚であっても、何かを信じ、それを本当に**する**ことができます。意識は夢を見て、こう言うことができます。「これが私の〝真実〟だ、これが私の実在《リアリティ》だ、これが私が生きている目的だ」と。そして、その夢を守るために、そこから自我が生まれて存在するようになるのです。その自我は、その夢を通じて、その幻想を通じて生きている意識です。意識が嘘を信じるのをやめれば、自我はなくなってしまいます。しかし、そのためには、意識全体が実際に本当に本当であるものと一つになっていて、それが本当であってほしいと**望んでいる**ものと、もはや一つになっていないあり方で、意識の中で完結しているような正直さが必要です。

不正直さがあって、意識の中に分裂があると、つまり、あなたが本当だと**知っている**ものと、あなたが本当であって**ほしいと思っている**ものとの間に分裂があると、あなたは幻想の中に生きていることになり、あなたの意識は分裂した状態の中で存在することになります。意識の最も外側の部分が最も深い部分から切り離され、引き離されているのです。しかし、最も深い部分は動き続け、それ自身を切り離した不正直な形の意識に接触し続けます。

意識の最も深い部分は、そのような分離された状態の中でも、常につながれたままでいます。常に引っ張る力が存在します。常に「家」に帰るよう――その一体性に戻るよう、その完全性に戻るよう――引っ張る力が存在します。しかし、意識の中のどこかに、本当であって**ほしいと思っている**ものを持つという強い要求が何かあると、意識はそれ自身を切り離したままにしてしまいます。それは、本当であって**ほしいと思っている**ものが本当**なのだ**と証明しようとします。それは、それ自身の真実を表している人生を送ろうとします。しかし、それが触れるもの、それがやることはどれもうまく行きません。そして、その分離した状態の意識の中で、永遠に続く痛みが存在するようになるのです。永遠に続く痛みが存在するようになるのは、実際には意識が、自分が全体でないこと、最も深い部分のように完全ではないことを知っており、自分が**やっている**ことがどれも全体ではないこと、完全でないことを知っているからです。

真実である唯一のもの、つまり、完全な平安、本当の喜び、偽りのない愛をもたらす唯一のものは、その分離した意識がしがみついているものをただ手放し、全体に戻った時――**最も深い部分として存在する**時――に実現するのです。その時に、分離のない意識の一体性が存在するのです。その状態、そうした存在のあり方には、自我は存在しません。意識が分離している時、残りの部分からそれ自身を切り離した状態にある時に、自我が存在するのです。

　その状態でも全く大丈夫だと思っているとしたら、それが意識の一体性であるということはありえませんか？

　その状態でも全く大丈夫だと思っているとしたら、その分離した意識の状態が元の状態に戻り始めます。元々の意識の最も深い純粋な部分に向かい、それに触れようとする小さな触角が存在するようになります。それが意識の最も深い部分に触れるとすぐに、共鳴するものが分離した意識の中を通り抜け、それが残りの部分を引き寄せる信じられない引力をもたらします。

意識の最も深い部分から来るものに触れるその接触が、あなたの精神の乗り物の中へと上方に移動してくると、あなたは、それがあなたに払わせる犠牲がどんなものになるのかを理解し始めます。あなたは、最も深いところにある根源に身を委ねている、意識としてのあなたの小さな部分があること、そしてその小さな部分が正直であることをはっきりと理解します。しかし、意識としての残りのあなたは抵抗し、何が起こるのかを静観します。それが危険すぎると思えば、離れて行きますし、それがあまりにも危険すぎると思えば、正直さのその小さな部分を自我の中に引き戻してさえしまいます。

意識が正直なままであれば、それはその触角を自由にし、最も深いところにある根源に触れさせますし、一度触れるだけで、信じられないような共鳴が返って来ます。存在の深い充足感を感じ、「それは本当だ、真実だ」と言うようになります。そして、意識がその小さな接触に反応すると、意識のもっと多くの部分も、それ自身が最も深い部分に触れるのを許し始めるようになります。

意識が正直でいると、本当であるものに触れている部分がすべてそこに**とどまる**ようになります――それが戻ってきたり、後戻りしたりすることが決して起きなくなるのです。最後には、非常に多くの触角が出てくるため、分離した状態の意識がすべて「家」に帰るようになり、一体性が存在するようになります。意識が払わなければならなかった唯一の犠牲は、そもそも最初に自分を連れ去ったものをすべて手放すことだけであり、意識がその最も深い部分から離れていた間に、自分が手に入れたと思ったものをすべて手放すことだけだったのです。あなたが失うのはただそれだけです。あなたはただ、手に入れたと思ったものをすべて失うだけです。

あなたは、何年も前に悟りを開いた時、なぜそれを失くしてしまったのですか?

何が起きたかといえば、根源に引き寄せられる触角が存在していたのです。そして私はその触角の中で生きていました。そして、それはそういうふうに起きたので……、

触角というのは何ですか?

触角というのは、「家」に帰っている意識の小さな部分のことです。それが、1年間私がその中で生きていたものでした。そこには分離した部分も残っていましたが、私はその中では生きていませんでした。私が後戻りするようになったのは、本当のプレッシャーに襲われてからです。私は、自分の意識の最も深い部分との生きたつながりだったその小さな触角を引っ込めてしまったのです。すると、完全に「家」に帰っていたという経験がたちどころになくなって

しまいました。

そこで私は探し始めました。というのも、その時私は、自分が本当のことを経験していたことが分かっていたからです。そして、それを取り戻すまでは、それをただ見つけ出すだけでなく、自分に起きていたことの本当の根源を見つけ出すまでは、生きていけないと分かっていたからです。そして、しっかりとした理解とともに、それを見つけ出したかったのです。

私はまず、内側であらゆる不正直な方法を試みました。いわば泥棒としてあらゆることを試してみたのです。どれもうまく行きませんでした。そして今度は、自分自身が完全に正直になるようにしました。正直さがその分離した部分の中心に真っ直ぐ向かっていくようにしました……すると全く何の努力もせずに、最も深い部分に一体性が**起こり**始めました。私は、開かれた状態と穏やかさという存在の本当のあり方で、かつて全体の一部だった、意識の分離した部分の最も深いところに反応したのです。そのように反応することで、実際にその最も深いところにある根源と共鳴していたのです。というのも、私はその根源と同じあり方で**存在していた**からです。自分自身を最も深いところにある根源と共鳴**させていた**のです。そのようにして、私は正直さという最もシンプルな形を通じて、実際に最も深いところの根源と同じように**なっていました**。それによって再びつながり始めました。それが、家に帰る本当の「帰郷」の始まりでした。

圧力、この世界の内側の圧力、意識として内側で後戻りさせよう、分離させようとする、表層の乗り物の内側から来る圧力、痛みから抜け出す道を見つけ、自分自身の幸せをつかむ方法と見つけようとする圧力を感じれば感じるほど、できる限り正直であり続けるようにしました。一体感は続いていて、それがどんどん、どんどん深くなっていきました。やがて、手放すものが何もなくなりました。圧力が何であるのか問題にならなくなりました。私は正直な状態のまま存在していて、ただその正直さがより深く、より純度が高まるままにしていました。

そうしているうちに広がり始めたのが、信じられない存在の深さでした。そこには、変容に次ぐ変容、そのまた変容に次ぐ変容がありました。そうした存在の深さが広がり始めると、自分の最も深い部分のことがより一層深く、深く、深く理解できるようになりました。

あなたが意識の最も深い部分から生きている時、そこには自我は存在しません。生きた「真なるもの」の安らぎがあるだけです。内側で完全に「家」に帰ることは、「真なるもの」それ自身にとってと同じくらい、あなたにとっても本当に簡単なことです。それが難しくなっているあり方があるとしたら、それはあなたが正直になっていない時だけです。

私は明らかに正直になっていませんが、どうして自分が正直になっていないのか分かりません。

何か辛いことはありましたか？

かすかな反発、かすかな不快感はありました……。

そのことに少しでもしがみついているようなことはありましたか？　それを手放すことに何か躊躇はありましたか？　何かがあなたをしっかりつかんでいる時に、それを手放すことに何か躊躇はありましたか？　手放すことにほんの少しでも躊躇がある時は、不正直さがあります。何かにこだわりがある時は、本当の不正直さがあります。そして、それを正当化し、合理的に説明し始める時は、正直さがずっと離れたところにあります。

あなたは、どんな理由があっても内側で何かにしがみつくことがないようなあり方で、内側でずっと手放した状態で生きることができます——内側であなたが買収されることはありえないのです。あなたが、「そうですか、そういうことなら、しがみつくことを検討してみます」とか、「それだけの痛みを取り除くためなら、しがみつくことを考えてみます」とかいうような、意味のあるものは存在しないのです。

正直さ、核となる正直さがある時に、あなたが抱き込まれることはありえません。あなたを抱き込むことなど、どんなものにもできないのです。あなたに値段はないのです。報酬として、あるいは痛みを和らげるものとして、その申し出がどれだけ素晴らしいものであるかは問題ではありません——あなたは、それを持つことを考えたり決してしないでしょうし、それを手に入れるために不正直になることを考えることさえ決してしないでしょう。内側で何かにしがみつくことをあなたに認めさせられるようなものは何もないのです。あなたはこの世界の真っただ中にあっても、内側で開かれ、穏やかになって、そのようなあり方で生きるようになります。あなたを内側で硬くできるものは何もありません。あなたは絶えずすべてを招き入れ、すべてを通過させることができます。あなたはいつでも自分が実際に本当だと知っている通りでいられるのです。そのようにいられる一つの簡単な方法は、常に開かれた状態で、穏やかであることです。それが正直さです。必要なのはほんの少しの圧力だけであり、それがあれば、本当にそこに存在しているものがそれ自身を現すようになります。

あなたは意識です。あなたはあらゆる領域にわたる意識を持っています。あなたの内側にあるのは、宇宙の中で最も偉大な力です。あなたは「選択することができる」のです。誰もあなたのために選択してくれません。あなたが選択するのです。あなたは自分の最も深い部分に忠実になることもできますし、自分が本当であって**ほしいと思っている**もの、本当であってもらう**必要がある**ものに忠実になることもできます。あなたは**あなた自身の**真実を選ぶこともできますし、**唯一**の「真実」に身を委ねることもできます。宇宙の中で最も偉大な力は、あなたの中にあるのです。

それはすべてあなたの中にあります。あなたはそのような明晰さを持っているのです。あなたはそのような力を持っているのです。「家」に帰らないことに対して、あなたは言い訳のしようがないのです。大丈夫でないことに対して言い訳のしようがないのです。なぜなら、それはすべてあなたの中にあるからです。それは、あなたの外側の何かとは関係がありません。それは、あなたの精神、あなたの感情、あなたの肉体とは全く何の関係もありません。自分が本当だと知っているものに実際に完全に身を委ねるのか、それとも何かのちょっとした方法で、自分が本当であって**ほしいと思っている**ものに身を任せ、そうするために本当の自分の外側に行くかどうかは、意識としてのあなたにだけ関係していることです。

あなたが本当の自分の外側に行くとしたら、人生は難しいものになります。なぜなら、あなたが何に触れるか、何をするかは問題でなくなり、それが決してうまく行かないからです——そこには実在《リアリティ》が存在していないからです。不正直な接触には、最も深い部分は存在していません。ですから、あなたが**やろうとする**ことはすべて、嘘のようなもの、願望のようなもの、必要性のようなものです。あなたが触れていることとやっていることと、あなたの最も深い部分との間に調和はありません。分離があるだけです。そして、それをやっているのは……ほかでもないあなたです。つまり、実際に何かを作り上げ、あたかもそれが実際に本当であるかのようにそれを信じ、その中で生きるための力を持つという意識の類《たぐい》まれな能力です。そして、非常に素晴らしいのは、それが決してうまく行かないことです。

意識として、あなたは決してその状態をうまくやり過ごすことはできません。あなたは真実であるものと一つになることから逃れようがないのです。真実であるものと一つでない状態になったとたん、あなたは深いところで大丈夫でなくなります。あなたが人生の中でやっていることはすべて、内側では決してうまく行かなくなります。そして、それは非常に良いことです。しかも、あなたは常に鏡を持っています――人生のあらゆる瞬間が真偽を確認してくれます。人生のあらゆる瞬間が、それがうまく行っていないことをあなたに教えてくれます。意識というのはそれほどすごいのです！

ジョン、精神衛生に関するあなたの考えはどのようなものですか？　私は、統合失調症やうつ病などで苦しんでいる人と一緒に仕事をすることにとても興味があるのです。

あらゆる種類の精神障害や情緒障害を治療する、本当に実に簡単な方法が一つあります。それは正直さです。正直さとそのあとに続く、実際に本当に本当だと知っているものに躊躇なく従うこと、躊躇なく身を委ねることです。それは、どんな精神障害も情緒障害も癒してくれます。正直さに抵抗できる精神障害はどこにもありません。

とは言っても、正直さは、その正直さを残りの体の中を通過させる高次の自己からやって来ます。その正直さはどこで認識されるのですか？　その人は自分が正直であることをどのようにして認識するのですか？

正直さについては誰もが知っています。それがいかに力強いものであるか、それがどのような癒し手であるか、誰でも知っています。我々はそのことをとてもよく知っているので、実際にはそれを覆い隠して、内側で体系や混乱を作り出しています。そうすれば、心の中でどうすれば正直でいられるのか分からないという言い訳ができるからです。その本当の正直さのことをごくわずかでも自分自身に本当に気付かせたら、その力が即座にあらゆるものの中を貫通することを我々は知っています。そして、正直さが触れたものは、どんなものでもたちどころに癒やされることも。

あなたは今、新しい人たちが正直さのことを理解する（お手伝いをする）という仕事をしているのですよね……。

あなたは、自分自身が完全に正直でない限り、ほかの人の心を**本当に**動かしたり、ほかの人の理解や正直さに**本当に**影響を与えたりすることはできません。あなたが「家」に帰っていない時は、あなたから当てにならないエネルギーしか出ていません。何かを受け取って、それをそれとは違う別のものに変えてしまうような力が働くのです。あなたが「家」に帰っていない時は、そうした人を惑わすエネルギーが伝わってしまいます。

ですから、あなたが精神病患者と働いていて、あなたが自分自身の不正直さを通して、どのように正直になるかを彼らに示そうとすると、あなたのエネルギーは、彼らにとってとても安心できるものに感じられるのです。彼らは、あなたが話すことに耳を傾け、それをすべて招き入れ、不正直なあなたの部分に同調するようになって、彼ら自身の不正直さが強化されてしまいます。彼らの不正直さが正当化され強化されて、今度は、彼らが正直になりたいとか、癒されたいとかいう気持ちを薄れさせることさえあります。

あなたが人生の中でやっていることはすべて――そのどれもが、あなたが「家」に帰っていなければ、うまく行きません。それは単に仕事だけではありません。それは人間関係であり、あなたが触れるものすべて、あなたが行うことすべて、あなたが生涯を通じてその中に存在するものすべてです。そのどれもが、あなたが「家」に帰っていなければ、うまく行きません。本当のあり方とは、「家」に帰るまで、生きるのを**止《や》めない**ということです。本当のあり方とは、ただ「家」に帰って、生き**続ける**ということです。

あなたはそれを一種の忠告としておっしゃっているのですか、それとも（家に帰っていなくても）とにかく思い切ってその仕事をやってみるべきだとおっしゃっているのですか？

やってみるのはいいですが、「家がない」状態です。やってみることはできますし、あなたは少なくともいくらか「家ではない」場所からその仕事をやり続けることができます。そして、非常に良いことは、あなたが自分の蒔いた種を刈り取ることになるということです。それは**本当には**うまく行きません。

その人にその人自身の不思議さ、神性——その人の中のスピリット——に目を向けさせるというのは（どうですか）？

それに目を向けることができるのは、正直さだけです。不正直な人は自分自身の最も深いところにある本当の美しさを見ることはできません。その最も深いところにある美しさは内側の深いところにとどまっていますが、不正直な人は自分が**考えている**こと、**感じている**ことしか見ることができません。彼らはその美しさを**本当に見る**ことはできないのです。しかし、正直さは真っ直ぐ内側に入って行って、最も深いところにある本当の美しさに直接**アクセス**し、その中に自分を浸し、体を沈め、その中で生きることができます。

不正直さから生まれたどんなものもその中に入ることは決してできませんし、それを見つけることも決してできません。不正直さは、本当でないものを見つけることしかできませんし、自分が作り上げた嘘に出会うことしかできません。不正直さは「真なるもの」を見つけることは決してできないのです。それは、最も深いところにある本質、清浄さ、明晰さ、「大丈夫」に出会うことは決してできないのです。不正直さは、試みること、努力すること、行うこと、働くこと、骨を折ることに出会うことしかできません――それは、「大丈夫じゃない」に出会うことしかできません。そして、不正直さがいつもやることは、ひたすらそれを直そうとし続けることです。

私は、人が正直さを得る前にまず（必要な）ことは、安全な場所にいることだと思います。

それは条件付きの正直さです。人はそれをやります。自然の中を歩いている間、何にでも心を開く人がいます。彼らは、安全だと感じているので、本当に正直になるのです。しかし、もはや安全だと感じなくなったとたん、心を閉ざし、自分の身を守り、不正直な場所の中にとどまるようになります。

実際問題として、あなたはどうやってそれを乗り越えるのですか？

簡単に乗り越えています。なぜなら私は、すでにそうした人たちにとって障害となっているものを越えたところで生きているからです。私はすでに、意識として彼らの**中に**います。常に手放すというあり方の中にいる、彼らの最も深い部分とすでに一つになっています。私は意識として、彼ら自身の最も深いところにある存在と一緒に意識の最も外側の部分まで動き、そっと彼らの正直さを促し、動かし、求めています。

それは、(ほかの人の)高次の部分に働きかけること(について)、私が目指そうとしていたものです。

しかし、あなたが完全に「家」に帰っていなければ、あなたはほかの人がいるところで、**あなたのために**それをやろうとするでしょう。それが、ずる賢さが存在する場所です。それが、少しでも不正直さがある時にはいつでも、「家」に帰っていないあらゆる部分が泥棒になる理由です。そして、「家」に帰っていないその部分は、あらゆるものの中に入り込みます。不正直さがアクセスできないものは何もありません……あなたの最も深い部分を除いては。

あなたがほかの人たちと一緒にやろうとしているどんなことも、「家」に帰っていないあなたの部分はそれに首を突っ込みますし、望んでいるものをその通りに手に入れようとします。それは、自分自身を非常に愛情深く見せることができます。非常にもっともらしいものになることができます。それがなることを許されない唯一のものは、正直さです――それは、それ自身が正直になることを許さないのです。正直になれば、自分が持っているものがすべてすぐに手放されてしまうからです。自分がばらばらに壊れ、最も深い部分の中にたちまち溶け込んでしまうからです。

つまり、正直さがあるところは、結果について気にしないところ、結果に執着しないところということですか？

心から結果にとらわれなくなります。あなたが本当である場所で実際に穏やかにくつろいでいるとしたら、あなたは心から結果にとらわれないことしかできなくなります。あなたが本当である場所、最も深い部分に対して正直で汚れのない場所にいれば、あなたは何も**欲しがらなく**なります。何も**必要としなく**なります。なぜなら、すべてが今あるままで完全であり、外から何かを持ってきて、その状態をほんの少しでも良くしたり、より完全にしたりできるものは何も存在しなくなるからです。正直なあり方の中で生きるということは、結果——自分が最も思いを寄せているものと何の関係もないとあなたが**知っている**結果——に対する粗雑な愛着や願望が全く素晴らしいほどなくなるということです。

とにかくすべてがすでに完全であるのなら、そもそも何かをしていなければならないという必要性を断ち切っているということですね。

そうです。そうすれば、あなたはもはや助ける人になる**必要**はなくなります。あなたがやることはどんなことも単なる働きであり、本当の意味でそれが**できる**から、そうするというだけです。それはすべて、あなたが今内側でどんな**存在**であるのかを明らかにしている流れです。あなたは、助ける人であることはなくなります。あなたは、正気を取り戻した人を愛するためにここにいることはなくなります。あなたは、世界を変えるためにここにいることはなくなります。あなたは、誰かを変えるためにここにいることはなくなります。あなたは実際に、本当に**存在する**ためだけにここにいるようになります。そして、それは全く汚れのない状態になります。そのことが、全く何の努力もなく、あなたの周りのすべてを癒すようになります。あなたは、癒しの**本当の**根源として存在するようになりますし、その根源に触れることも決してしなくなります。なぜなら、それはあなたのためにあるのではないからです。それはとても簡単で、とても素晴らしいことです。

私が人生の中でやっていることはすべて、ただこの小さな物理的肉体を死から守るためだけに存在しているように思えます。(それはまるで)人生のすべてが、自分が死ぬことを恐れているために、ただこの肉体を維持することだけを中心に展開しているかのようです。向こう側に何があるのか分かりませんし、自分やほかの人たちが、皆何の意味もないように思えるこの小さな肉体を守るためだけに生きているというのは全く受け入れられません。そのような生き方をするのは、全くすごく不正直であるように思えます。でも、どうしたら、この肉体と自分を同一視することをやめて、死を恐れないように、そのベールの向こう側にあるものを恐れないようになるのか分かりません。それができれば、私は何かほかの目的のために生きられます。でも、今私が知っているのは、自分が、朝起きなければ、仕事に行かなければ死んでしまうと思っている不安と恐怖だらけの人間だということだけです。

それは、あなたが知っているすべてではありません。

それが、正直に私が知っているすべてです。

それは、自分が知っているとあなたが**思っている**すべてです。それは、あなたが**本当に**知っているすべてではありません。あなたはすでに、死んだ後の世界を経験しています。あなたが自分の内側で何かを死なせた時、つまり、何らかの「大丈夫じゃない」やあなたがしがみついていたもの、ちょっとした幻想や不正直さ、こだわり、いくらかの苦しみや硬さ、閉鎖性、憎しみを死なせた時はいつでも、そうした問題をただ手放すことによって死なせた時はいつでも、死後の世界についてあなたが見つけたものは「大丈夫」でした。それがどんなものであるのか、あなたはそれをほんの少しだけ経験していました。

そうしたちょっとした経験は知っていますが、私には、自分の人生の99パーセントが大きな死の恐怖から逃れることに費やされているように思えるのです。自分が何かを手放す時や、何かが少し開放されたり、手放されたりする時があるのは知っていますが、自分の人生全体の基本的な部分と比べると、それはとても些細なことのように思えます。

だったら、実際に生きている、とても些細なことのように思えるその小さな部分を受け入れて、それを自由にしてあげてください。好きなところに行かせてあげてください。触れるように動かされたどんな事にも触れさせてあげてください。穏やかさの中でそれが最初に触れる事を選ばせてあげてください。正直さを自由にしてあげてください。それにどんなものでも持たせてあげてください。「大丈夫」を自由にしてあげてください。どこにでも行かせてあげてください。あなたが「大丈夫」を自由にしてあげれば、それがあらゆることをシンプルにし、心から大丈夫にしてくれます。

死を乗り超えるために生きる私の生き方、それさえもですか？　それは（とても）深いものに感じます。向こう側に横たわるものに対して、こんなに強い恐れがあるのです。

私は「死」から戻ってきました。私は、自分自身の中で、あなたが今話しているのと同じ、幻想、不正直さ、「大丈夫じゃない」が死ぬことを許しました。ですから、存在のあり方として私がどういう**存在であるのか**は、あなたの核となる部分にとっていくぶん慰めになっています。

あなたが死から戻ってきたということに関してですが、あなたは幻想の中には生きていませんでしたが、私はまだ99パーセント幻想の中に生きています。ですから……、

それは問題ありません。なぜなら、私はそうでないその1パーセントの部分に触れているからです。ほかの99パーセントは素晴らしいほど意味がありません。私はあなたの中のその99パーセントの部分に触れるつもりはありません。しかし私は、あなたの中のその1パーセントの部分には素晴らしいほど愛着を感じていません。私はあなたの中のその99パーセントの部分には愛着を感じています。存在の結び付き、存在のつながりがあるからです。どのようにしてあなたの最も深い部分を見つけ、あなたの最も深い部分に触れるかを私が正確に知っているのはそのつながりを通してですし、その1パーセントの部分が本当であり、幻想でないことをあなたに知らせるのも、そのつながりを通してです。

本当であるものが何か存在するはずだというのは分かっています。でも、私はほかの99パーセン

トを通して生きているので、99パーセントの時間は、自分が単なるうじ虫であるような気がするのです――核となる部分に対してとても不正直なのです。

核となる部分に対して不正直なのではありません。あなたは、核となる部分に対して99パーセント不正直なのです。正直な1パーセント、あなたが本当だと知っているものをあなたが実際に自分自身に見させるそのごく小さな部分――それが、あなたが愛しているものです。あなたが**それ**を目にすると、それはあなたに触れ、あなたに栄養分を与えてくれます。あなたが見ているそのごく小さな部分は、甘い蜜のようなものです――それは癒しです。それが、あなたの中で重要な意味を持つ唯一の部分です。

私にとって正直さというのは、その1パーセントに注意を払うことではなく、残りの99パーセントに注意を払うことです。正直さというのは、あらゆる暗い部分を見つめて、それと真正面から向き合うことです。

正直さというのは、暗い部分と向き合うことではありません。正直さというのは、何かと真正面から向き合うことではありません。正直さというのは、あなたが、本当であるあなたの中のその1パーセントの**中に入って行き**、その1パーセントの部分から、99パーセントの内側にあるものを見ることです。あなたが正面から向き合うようになるのは、その1パーセントの部分です。あなたが見るようになるのは、その1パーセントの目を通してです。

その時、変化が起こり始めます。その1パーセントが2パーセントになり、その2パーセントがもっと大きくなるというふうに変化し、ついには、内側で実在《リアリティ》の炎が燃え盛るようになります。その時あなたの中を通って拡大するのが正直さであり、そしてそこで起きるのは、**あなた**が目覚めることです。どれだけの不正直さがあっても、少しでも正直さがあれば、それには抵抗できません。

あなたは、自分の恐れを解き明かす必要はありません。今生きて、あなたに栄養分を与えてくれているそのごく小さな部分――汚れがなく、真実である**ごく小さな部分**――をただ見つめるだけでいいのです。嘘や幻想――それらは問題にさえなりません。恐れは問題ではないのです。その1パーセントの中で生きられる、あるいは存在できる恐れなど存在しません。それは、恐れが死んでしまう唯一の場所です。

あなたは、あなたの存在のすべてを手に取って、それをその小さな1パーセントの中に流し込むことができますし、その小さな1パーセントはどんどん、どんどん大きくなります。やがてそれは全体になり、かつて1パーセントだったその部分の100パーセントが存在するようになります。幻想は問題ではありません。本当に愛情にあふれた正直さは万能薬です。愛情にあふれた正直さのその小さな部分、その部分をただあなたの内側にあるものに触れさせてあげてください。そして何が起きるか見てみてください。

その１パーセントが何であるのかさえ、自分がちゃんと分かっているかどうか自信がありません。

どれだけ小さいかに関係なく、あなたの中のどこかの部分、あなたの内側のどこかの場所で、あなたが内側でただ穏やかでいられる、落ち着いていられるところはありませんか？　あなたの中のどこかの場所で、本当にすっきりした気持ちになる場所——ほんの少しでも、あなたの**外側**の何かと繋がっていない、気持ちがすっきりするような**内側**の部分——はありませんか？

狂ったように慌ただしく動き回るのをやめて、ただ座って、瞑想にふけっている時には何かあります。

だったら、あなたが瞑想している間、あるいは静かにしている間——その「感触」を感じたら、すぐにその感触に身を任せてください。本当にそれを招き入れてください。どういうふうに**それ**を**あなた**の中に招き入れるのかと言えば、**あなた**が**その**中に入るのです。どんなものであれ、あなたがしがみついているもの——あなたが中に入るのを阻んでいるもの。ただそれを手放すのです……そして中に入るのです。

自分が実際に自分自身に正直になっていると、どうして分かるのですか？（私たちは）誰もがそういうふうに条件付けられていますし、何が本当であるのか知るというのはとても分かりにくいです……。

あなたは内側で、そこから手を放**したくない**と思っているものにどれくらい頻繁にしがみついていますか？ それが不正直さです。あなたが内側で何かにしがみついている時は、あなたの最も深いところにある存在から、ただそっとそれを手放すように促す力が絶えず働いています。

でも、しがみついている時に、どうしてしがみついていると分かるのですか？ それは、何かを手放すのが本当に難しい時に分かるのですか？

それは、あなたが何かをしたいと思っている時や、したくないと思っている時です。何かを「したい」という気持ちは、穏やかさや開かれた状態をその中に持っているあなたの一部です。手放**したい**という気持ちの中にある必要性を手放してください。そうすれば、その時に残るその開かれた状態や穏やかさは「手放している」ことそのものに**なります**。そうすれば、あなたのその部分は、純粋なものになります。手放したくないと思っているあなたの部分は、純粋なものではありません。正直であることは、そうした純粋さに味方してくれますし、あなたが実際に本当に本当だと**知っている**ものに忠実です。正直さとは、あなた自身をそのことに忠実にさせることであり、あなた自身をそのことに味方させることです。

人は時々それを望まないことがあります。なぜなら「真なるもの」を信じたくないと思っているからです――思考が入ってきたり、混乱したりしている時です。

あなたが、自分が実際に本当だと**知っている**ものに味方したくないと思っているのは、あなたが**自分自身の権利**を守りたいと思っているからです。それは、ある種の権利が内側で触れられている状態です。そうすると、その権利に価値がない時でも、その権利が何かの価値を持っているという主張が生まれてきます。権利というものには底の浅い価値しかありませんし、深い本当の価値を持った権利などどこにも存在しません。内側で何かにしがみついているということは、権利にエネルギーを与えているということです。あなたが誰かに辛くあたっている時や状況を苦々しく思っている時は、あなたが内側で、自分に権利が**ある**と固く信じているからそうなるのです。何かがその権利を自分から**奪い取っている**と思ったり、自分が欲しいものを**手に入れていない**と思ったりしているのです。内側でしがみついているというのは、何かが自分の幸せ**を邪魔をしている**という考えに自分自身を投資しているということです。もし内側で何も権利を持っていなかったとしたら、ただの一つも……、あなたは自由でいられるでしょう。内側でより多くの権利を獲得すればするほど、もっとそれらを守るために生きなくてはならなくなります。

そんなことをしたら、ほかの人が自分に対してひどい扱いをするのを許してしまって、とても無防備になるのではないですか？

外側の権利を使うことはできます。底の浅い表層の人生の中にある権利に働きかけることはできます……しかし**内側で**ではありません。あなたが内側で静かでいれば、すべてが大丈夫である、権利など存在しないという理解がいつも存在するようになります。誰かがあなたを傷つけたとしても、あなたが内側で静かでいれば、あなたはいつも、内側でそれが本当に大丈夫であると分かるようになります。

だからと言って、外側でほかの人に自分を傷つけさせなくてはならないということではありませんし、人を罵倒するような状況にとどまっていなければならないということではありません。しかし、その瞬間に何が起きていようと、**内側では**それも大丈夫なのです。その瞬間も、**内側では**しがみつく価値があるような権利は存在しません。あなたが内側でそのために生きる権利を持ったとたん、あなたは何かを「する人」になってしまいます。あなたは、自分が信じているものを守るために何かをし、骨を折り、努力しなければならなくなりますし、自分自身を守らなくてはならなくなります。

外側で自分自身を守ること……それはあなたを傷つけません。**内側**で自分自身を守ること……それはあなたを本当に傷つけます。どんなことも、内側でそっと手放すに値するものです。痛みもひどい扱いも嫌がらせも。痛みが嫌だから、幸せになりたいから、傷つきたくないからという理由で、何かをあなたの最も深い部分から遠ざけようとしても、それだけでは内側の痛みから**本当に**自分を守ることにはなりません。我々はいつもそのような保護を求めますが、それを本当に見つけ出すことは決してありません。なぜなら、そのようなものは存在しないからです。そこで、我々が内側の痛みから自分自身を守るために一番よく使う方法が怒りです。ひどいことをしたり、憎んだり、辛くあたったりします。そしてそれを招き入れた時、我々は内側で死んでしまうのです。

　もしあなたが**内側で**自由でいて、ある状況やある関係の中で、**外側で**何かを変えたいと思っているとしたら、結果に執着さえしなければ、それを変えることに焦点を合わせることによって、あなたは外側で前進することができます。しかし、何かが特定のあり方であることがあなたにとって大きな問題になったとたんに、内側で必要性や願望、こだわり、怒りの状態にとどまってしまいます。自分が変えようとしていることがうまく行かないことに気が付けば付くほど、余計にその不正直なこだわりを取り込むことになります…そして、それは**決して**うまく行きません。

私には、あなたが私たちに人間になるなと言っているように聞こえます。でも私たちは人間ですし、そうしたことを感じたり、やったりする、そういう存在です。

人間とは何ですか？　我々が人間であることとして定義しているもののほとんどは、不正直な存在のあり方に基づいています。それは、我々が本当ではないと**知っている**存在のあり方に基づいています。あなたが苦々しい思いでいる時、それは人間らしいことですか？

分かりません。私はただ、誰もが持っている様々な感情は、どれも人間であること（の一部）だと思っているだけです。

あなたが、この世界にあるものをすべて今ある通り見ているとしたら、それは、バランスの取れた人間らしいあり方を現したものですか？　本当の人間らしさとは、我々が皆そのことについて**知っている**最も深い部分の安らぎです。本当の人間らしさとは、どんな思考、どんな感情、どんな経験、どんな状況によってもかき乱されることがないような安らぎです。それが**本当に**人間らしいということです。

私たちはどうしてそうじゃないのでしょうか？

我々は、自分自身の**個人的な**幸福に価値を置いています。それを至高のものにしています……ですから、我々はそのために生き、幸せになるために存在してしまうのです。しかし、幸福は、我々が必要としているものでは全くありません。我々が実際に本当だと**知っている**ものに応えること――それが、そのために生きる価値のあるものです。我々自身の個人的な幸福は、そのために生きる価値のあるものではありません。人を駄目にするのは、幸せを求めること、幸せを必要とすることです。あなたは、幸せに**なろうとする**代わりに――それは難しいことです――、**ただ**心から大丈夫でいることができます。「大丈夫であること」が人間的なことです。幸福を追求するのは、非人間的なことです――それは、我々の本当のあり方ではありませんし、それはうまく行きません。正真正銘幸せな人というのは、幸せでないことに対して無条件で温かく大丈夫でいる人、それを無条件で温かく受け入れている人だけです。それが本当に幸せな人です。

つまり、それが私たちのあり方ということですね。

私はいつも幸せです。ただ、私はそれにしがみついているわけではありません。私はそれを必要としていませんし、それを期待していませんし、それを求めてもいません――それはただ起こり続けているのです。それは、心から無条件で大丈夫でいることの結果です。それは、人が自分自身のために手に入れられるものではありませんし、**しがみつける**ものではありません。

幸福がなくても本当に大丈夫でいられれば、それはひとりでに大きくなります。それを止められるものはありません。しかし、それを必要としたとたん、あなたはそれを持てなくなります。あなたが底の薄い、あるいは自分自身を満足させるだけの**感情的な**幸福を手に入れたとしたら、それは危険です。なぜなら、それは、あなたが、押されることのある感情的な「ボタン」を持っていることを意味するからです。誰かがそれに触れたり、それに逆らったり、その感情的な幸福をかき乱したりしたとたん、あなたはとても不幸になります。それは**本当の**幸せではありません。なぜなら、それはかき乱されることがあるからです。

本当の幸せは、かき乱されることがありません。本当の幸せは、何かと結び付けられたり、守られたり、求められたりする必要のないものです。それは、外からではなく内からやって来るものです。本当の幸せは、存在の果実です。それは、状況に関係なく、個人的な犠牲に関係なく、それが本当だと**知っているもの**と絶対的に無条件で同調する存在のあり方から流れて来る内側の本当の充足感です。本当の幸せは、愛情にあふれた大丈夫であるという喜びです……あるがままで。

対話7　まだ小さなその声

１９９８年11月27日、英国、ロンドンにて

あなたが失ったものが何であれ、
それがあなたのものだったことは一度もありません、
そして、あなたが手に入れられるものが何であれ、
それがあなたのために存在することは決してありません。

実際にはあなたのための部屋はないのです。
あなたの存在のための部屋しかないのです。
そのおかげで、すっかり手間が省けます。

あなたの努力はすべて終わるのです。

そして、その時に何が起きるかと言えば、
あなたの存在がその後を引き継いでくれるのです。
それは、あなたがかつてそうだったようになるのです。

あなたが形を保とうとしていたあなたは死に、
ようやく本当のあなたが生きるようになるのです……

――本章は、1998年11月27日に英国のロンドンで行われたジョンと聴衆との対話から抜粋したものです。

質問者：昨日の夜、私にとって何かが起こり始めました。その時から気持ちがとても不安定になっている気がします。あの時あなたは誰かとつながっていて、私はこの温かさを感じていました。そして、それが私の胸の中に固定されていて、私はこの本当に胸が締め付けられる感じと緊張を感じていました。今日は朝からずっと、それが強くなってきています。心臓が破裂するんじゃないかと思うくらい脈打っているのを感じますし、気持ちが不安定になっていて、さらに自分の胸に象が座っているような感じがします。どういうわけか、そのために自分が（あなたと）つながれないような感じがするのです。

ジョン：それが、そういう感じがする理由です。つながることから自分を守り、開かれ、穏やかなままでいることから自分を守り、あなたが本当だと知っているものと一つになることから自分を守るためです。もしあなたがそのような不安定なままでいたとしたら、何かが内側で爆発していたでしょう。そして、あなたはその爆発をコントロールできなかったでしょう。ですからあなたは、自分自身が開かれたり、穏やかになったりすることがないように、そして「抱えきれない」**ように思える**ものを自分自身が抱え込まないようにするためのフィルターとして、締め付けられる感じを使っているのです。なぜなら、それは、あなたが内側で形を保っているものをひどくかき乱すかもしれないからです。

あるレベルでは、私はほかのどんなものよりそれを望んでいます。そのように開かれないでいることに意味があるとは思えないのですが、用意されているメカニズムはとても巧妙なようです。その一部を解きほぐすたびに、同じように固く（動かない）別のものに出会ってしまうのです。

あなたは、内側で自分自身を守るためにこれまでに組み立ててきたあらゆるものと向き合っているのです。実在《リアリティ》の流れ、「真なるもの」の流れを止めるために内側で組み立ててきたあらゆるものと。しかしあなたは今、あなたの**内側の**ごく小さな流れと共鳴する、**外側の**力強い流れと出会い、つながっています。そして、あなたの内側のすべてが、外側のその流れとつながりたいと思っています。しかし、そこには、あなたがこれまで人生の中で自分自身を守るために使ってきた、それらの締め付けられる感じやフィルターがすべて用意されているのです。あなたがそうしたものに少しでもエネルギーを与えると、それらは、あなたがこれまでいつも本当に強く望んできたものを一切あなたに与えないように邪魔してしまいます。内的な葛藤がある時というのは、あなたが**本当に**強く望んでいるものが存在しているのですが、それと同時に、強く望んでいるものそのものから自分自身を守ろうとする働きがあるために、そうなるのです。

ということは、この締め付けられる感じ、あるいは重石に（対処する）ためには、それをただ受け入れればいいということですか？

内側であなた自身に、自分の防御機構と一緒にいても大丈夫だと、ただ安心させてあげてください、あなたの締め付けられる感じやフィルターと一緒にいてもそのままで大丈夫だと、安心させてあげてください。一見すべてを破壊している**ように見える**これらのメカニズムを温かく受け入れてあげてください。内側でただ無抵抗な状態のままでいてください。あなたがこれらの防御機構がなくなってほしいと望んだとたん、そのことが防御機構をもっと強くしてしまいます。それらに向けられたどんなエネルギーも、その防御フィルターを強くしてしまいます。

あなたの内側の締め付けられる感じがあらゆるものを台無しにしているように見えることを**温かく**受け入れれば、特に、これまでずっと強く望んできたものを見つけるすぐ近くまで来ているように思える時にそうすれば、その温かな「受け入れ」が、内側の締め付け装置やフィルターがバラバラになるのを許してくれます。内側の締め付け装置やフィルターは、一緒にいてくれるエネルギーを必要としているのです。あなたは、あなたにとってネガティブにならない方法で、自分の蒔いたものを刈り取ることをただ温かく受け入れることができます――ただそれだけです。あなたは、何かを取り除いたり、何かに対処したりする必要はないのです。自分が蒔いたものを刈り取ることを無条件で受け入れれば、すぐにそれが全く新しいものを蒔くことになります。そして、それを蒔くことが、あなたがそれまで刈り取っていたものを消し去ってくれます。

私はどうにか部分的にそこまで到達していたように思いますが、たぶんそのことにしがみついていたのだと思います。それが流れを止めていたのです。

もしあなたが目覚めるにようになったとすれば、あなたを目覚めた状態のままでいさせてくれるのは、どんなエネルギーであっても、それがあなたの中に入り、それが望むことは何でもさせてあげるというあなたの許しです。もしそれがあなたの目覚めを取り上げたいと思っているのなら、内側でただ無抵抗なままでいることです。何があなたの目覚めを**取り上げても**おかしくありません。何があなたの目覚めを台無しにするように見えることをさせられてもおかしくありません。何がそれを邪魔するか分かりません。何がそれを消し去ろうとするか分かりません。

あなたが話しておられることの「真実」は理解できますが、体の中では抵抗を感じてしまいます。

あなたが、台無しにされることに無抵抗でいれば、形はどうあれ内側で台無しにされることを心の中で無条件に受け入れれば、あなたを台無しにできるものは何もありません。そうすれば、あなたは内側で愛にあふれた無敵の状態になります。あなたは手出しができない存在になります。なぜなら、何があなたを台無しにするかは問題ではなくなり、あなたは内側で恐ろしいほど大丈夫でいられるからです。その恐ろしいほどの「大丈夫」が、あなたという存在の空間とあり方になります。その時、その空間に触れられるものは何もなくなります。しかし、何かがそれを取り上げるのではないかと思って、あなたが辺りを見回し始めたら、その場所はすでに小さくなり始め、取り上げられ始めています。

私は人と交わることに難しさを感じています。というのも、あるレベルでは非常にオープンであるように思うのですが、別のレベルでは、(ほかの人が)言うことに夢中になって自分を見失ってしまうのではないかと不安だからです。

常に純粋で本当である存在のあり方、差別することや判断すること、形を保つこと、維持することを全く必要としない存在のあり方、どのような状況でも深く本当である存在のあり方に戻れば、あなたはあらゆることを**あるがまま**に招き入れるようになります。そうすれば、あなたがキリストを見つけたとしても、あるいは反キリストを見つけたとしても、あなたの存在のあり方には全く違いがなくなるでしょう。あなたはただ、無条件に完全に温かくそのエネルギーを招き入れるだけになるでしょう。遭遇しているものが良いものであれ、悪いものであれ、開かれた穏やかな存在の本当のあり方にとどまったままでいるでしょう。**あなた**が判断することはなくなるでしょう。あなたはただ、**自分の**エネルギーのすべてを、あなたが本当だと**知っている**存在のあり方に与えるだけです。その時にあなたがもしキリストに出会ったとしたら、そのような開かれたあり方が、そうした存在が内側であなたの存在にアクセスできる唯一の道になるでしょう。自分自身のために何かを手に入れたいとか、手に入れる必要があると思ったとしたら、そのことがそのアクセスを閉ざしてしまい、**本当である**ものはどんなものも中に入ることができなくなります。

あなたがもし反キリストのような存在に出会ったとしたら、そして、それが内側であなたに何をするかに関係なく、あなたが無条件でそのエネルギーを招き入れたとしたら、つまり、あなたがそのすべてを完全に招き入れ、助けたり、守ったり、避けたりするための何かに決して「触れ」なければ、あなたの内側には手を伸ばして取るものは何も存在しなくなります。あなたの内側の深いところには、手に入れられるものは何も存在しなくなるのです。そのようなエネルギーと出会うことから守ってくれるあなたの唯一の防御は、守る必要が全くないという愛に満ちた心だけです。

あなたが何かの抵抗を感じたとたん、あなたがそのようなエネルギーに影響されたくないと思ったとたん、そのエネルギーは何かつかむものを手に入れます。本当でないエネルギーは、あなたの内側の「しっかり握っている」状態だけをつかむことができるのです。程度がどうであれ、しっかり握っていることが存在していれば――抵抗、好み、良いものを得たいという望み、悪いものを遠ざけるという必要性など――、どんな種類の本当でないエネルギーも、あなたの中に**何かを持つ**ことができます。小さな赤ん坊は、本当でないエネルギーに対して脆弱ではありません――それはただ自分自身でいるだけです。本当でないエネルギーは、真っ直ぐ中に入り、その赤ん坊に内的な苦痛を与えることはできますが、そのあとであっさりと出て行きます。中で足止めされることはありません。その赤ん坊の本当の存在のあり方にアクセスすることができないからです。実在《リアリティ》にダメージを与えることはできないのです。

同じことは、自分自身を守るために、あるいは何かを締め出すために、**あなた**が形を与えたり、内側でうまく態勢を整えたりしている本当でないエネルギーについても言えます。あなたはそのエネルギーに、その赤ん坊がやるのと同じ方法で、あなたの内側でやりたいことを何でもやらせることができます――苦痛を与えたり、一見何かを破壊するように見えることをやらせたりすることができます。しかし、そのエネルギーは、あなたの中に**居場所**を持っていません。ですから、目的を失ってしまいます。しかし、あなたがそれを**嫌ったとたん**、その目的がそこにとどまります。そして、あなたがそれを本当に嫌ったとしたら、その本当でないエネルギーは、あなたの中のその「大丈夫じゃない」場所のために一生懸命働きます。

　すべてを完全に**失う**ことがあなたにとって無条件で温かく大丈夫であれば、それが、あなたの存在があなたの中でその時に**手に入れた**空間の大きさになります。それが、**あなた**の代わりに、あなたの**存在**があなたの中で存在するために今受け取った部屋の大きさになります。そして、あなたがそれを自分自身でそこに整えたにせよ、あなたの外からやって来たにせよ、本当でないエネルギーは、それと同じ分だけ、あなたの中で**手に入れる**場所を見つけられなくなります。

　あなたが失ったものが何であれ、それがあなたのものだったことは一度もありませんし、あなたが手に入れられるものが何であれ、それがあなたのために存在することは決してありません。**実際**には**あなた**のための部屋はないのです。あなたの**存在**のための部屋しかないのです。そのおかげで、すっかり手間が省けます。あなたの努力はすべて終わるのです。そして、その時に何が起きるかと言えば、あなたの存在がその後を引き継いでくれるのです。**それ**は、**あなた**がかつてそうだったようになるのです。あなたが形を保とうとしていた**あなた**は死に、ようやく**本当のあなた**が生きるようになるのです……。

私は、非常に抜け目なく張られた網のようなものを持っている気がします——ほとんど本物のような色をしているのですが、本物ではありません。でも、本物そっくりなので、取り除くのが難しいのです。

それらには間違いなくしがみつく価値はありません。目覚めるというのは、本当の宝物が最も素晴らしく姿を現すということですが、それさえもしがみつく価値はありません。我々は、自分で作った、本当でない宝物しか好きではないのです。なぜなら、そのことに多くの期待を注ぎ込んでいるからです。それは、深いところでは我々に何も与えてくれませんが、それでも、それが何かを与えてくれるかもしれないと信じ、そうしてくれることを期待しているのです。そして、そのために自分のエネルギーを**使い**続けるのですが、それが本当に何かを**与えてくれる**ことは決してありません。

私は、ここまでやって来て、（それから）また後戻りしているような気がします。

あなたは、ずっと以前に自分の内側で「押しとどめる」ことを設定したのです――今それがようやくあなたのために機能しているのです。ですから今、あなたは、それを設定した時と同じくらいうまく、それを**働かせる**ようになっているのです。同時に、あなたは、自分の本当の宝物に身を委ねるように**なっています**。つまり、自分が手放そうとしているものをすべて元へ戻そうとする、自分が作った「押しとどめる」パターンの真っただ中で、開かれることや穏やかであることを愛する自分の思いに身を委ねるように**なっている**のです。あなたは、自分が**知っている**ものの中にただとどまりながら、それが何であれ、そのパターンに温かくあるがままでいさせるように**なっている**のです。

そして、あなたが設定したそのパターンがあなたの内側で「真なるもの」が開放しているものをすべて台無しにしている**ように見える**場合でも、あなたは、自分が本当だと知っているものに身を委ね続けるように**なっている**のです。自分の存在のあり方をただ「真なるもの」の存在のあり方と一致**させる**ことで、あなたが「真なるもの」のために働くことができるというのは、つまり、自分自身のために作り出したあらゆる本当でないパターンや構造物の真っただ中にあっても、あなたが本当の存在で**いられる**というのは、あなたの最も高価な宝物です。その時「真なるもの」は、それが動かされるあらゆる方法で花開きます。そして、あなたが自分自身で作り出した何かがその花を食べ尽くしたとしても、それは、**あなた**には**全く心から**関係のないことです。あなたはただ、あなたが実際に本当だと**知っている**唯一のあり方の中に存在しているのです——その中で愛に満ちた優しい安らぎを感じながら。

私は、内側で声を聞くたびに「これが本当に一番静かな声なのだろうか」と問いかけて、いろいろな声をふるいにかけ、それらをランク分けするプロセスを通過し続けています。

一番静かな声だと思えるものを見つけた時はいつでも、必ずそれより静かな声があるかもしれないと思うようにしてください。内側の**最も優しい**声だけが、身を委ねる価値のある声です。

私は昨日の夜まで、心配事や疑い（のような）ものを本当には追い払うことができず、そうしたものがとても騒々しいように思えました。今はそんなに騒々しい感じはしません。でも、面白いのは、私がここに着いて、あなたが今日部屋に入って来られた時、それらがまたやかましくなり始めたように思えたことです。

それは、あなたがこれまで内側で自分自身を静かにさせてきたからです。あなたがこの部屋に入った時、そうした声がすべて力を増して戻って来たのです。なぜなら、私は、そうした声があなたにずっと警告してきたもの、そのものだからです。それらはすべて、合理化、正当化、防衛、否定、恐れの声です。そして、あなたがこの部屋に入ることが、こうした声をことごとく本当に脅かすことになるからです。

あなたがここにいない間、あなたに会うことがないとしたら、私にやっておけることはほかに何かありますか？

ただあなたが本当だと**知っている**、内側の開かれた状態と穏やかさというこのあり方に、あなたの唯一の存在のあり方になってもらってください――絶対にどのような**個人的**代償を払っても。ただ、それだけです。

私はもっとたくさんあると思ってました……。

もっと多くのことが起こりますが、その**もっと多くのこと**はたった今必要ですか？　それは関係のないことです。たった今、あなたと関係があるたった一つのことは、汚れのない本当である存在の純粋なあり方だけです。その本当の**存在のあり方**に**あなた**の全空間を完全に占有してもらい、**あなた**の全人生を送ってもらうのです。それだけです。それが存在のあり方を本当に純粋なものにしてくれます。その時、最初の最初が始まります。それはあなたの存在の最初の最初であり、この人生を生きることを許されている**本当のあなた**です。そして、あなたがあなた自身の願望や必要性のために作り出したあなたが、ようやく離れて行ってくれます。

あなたが慣れ親しんでいるあなた、あなたがそうあって**欲しい**、そうあって**くれないと困る**と思っていたあなたは今、どれだけ大声で叫んだとしても、開かれた穏やかな場所からは、二度と再び聞くことができなくなります。そのようなあなたと議論することや、それを信じることや、それに相談することは決してなくなります――圧力を受けている時でさえ。あなたは、あなたの内側の一番静かな声にだけチャンネルを合わせるようになります。そして、**その声が話してくれる**どんなことにも、あなたはすぐに反応するようになります。

つまり、その「小さな声」を探すだけでいいということですね。ほかに「ジョンのテープ」を聞くようなことは何もしなくていいのですね。

まだ小さなその声、ごく小さく一番静かでかすかな声がテープを聞くことに惹きつけられるようなら、それはあなたがやることです。そして、ごくかすかで静かで小さな声がテープを聞きたいと思わない、あるいは聞く必要を感じていないとしたら、それはあなたがやることではありません。

私は、あなたが話されたことについて考えてきましたが、小さな声を探すのと同じくらいじっくりとあなたが話されたことについて考えるべきなのか、それともそうしたことは忘れた方がいいのか、よく分かりません。

その一番小さな声は、あなたが内側で知っている言葉を話します。ですから、私が外側で話したことを覚えている必要はありません。外側の言葉は、あなたの内側の一番小さな声の代わりに話しているのです。私がやっていることは、私がそうした言葉を話している**間に**、あなたがこれまで実に都合よく覆い隠してきた、あなたの中にある一番小さくかすかな声に再びあなたを出会わせることです。私の言葉を覚えている必要はありません。そうした言葉は本当にはあなたの助けになりません。しかし、あなたが私の**あり方**、私の存在のあり方を覚えていれば、それがあなたの心を開いてくれます。その時は、多くの言葉も覚えていると思いますが、あなたが愛するのは、そうした言葉を**通して**あなたが認識した存在のあり方です。

価値があるのは、あなたが**内側で味わっている**こと……私がどういう**存在である**のかについてあなたが味わっていることです。それには香りがあります。存在の香り、最も深い部分の香りが。それは、栄養分のようなものであり、甘い蜜のようなものです。覚えておく価値があるのはその部分だけです。あなたがその香りを覚えていれば、それがあなたに、あなたの内側で全く同じ香りをもたらしくれます——本当の存在のあり方に戻してくれます。それは、我々が一般にそれを理解しているような指導や情報、教えではありません。本当の教師というのは、あなたがすでに本当だと**知っている**、あなたの内側のとてもとても深いところから来る味覚にあなたを再び引き合わせてくれるもののことです。それが**本当の**教えです。

あなたが内側で完全に正直な空間の中にいる時に、誰かがあなたに教えを与え、それでもあなたがその最も深い部分の香りを感じず、内側で静かにならず、穏やかにならなかったとしたら、あなたは間違った教師の話を聞いているのです。そこには、あなたを楽しませ、思考の中に入って情報と戯れるようにあなたを誘惑する沢山の情報があるでしょう。あなたは、思考や感情によって気を散らされ、**自分**のために人生に利益をもたらしてくれたり、人生を癒してくれたりするはずのものに夢中になるでしょう。そのようにしてまた、間違った教師の話を聞くようになるのです。その時あなたが耳を傾けているのは、**本当ではない**教師です。実際にあなたの存在のことを教えてくれるものだけを信じてください――それが、いつもあなたに何が本当であるのかを示してくれます。

最初にここにやって来てあなたを見た時、私はイエスとあなたのことが少し気になりました。それはただ私が育った環境のためだと思いますが、あなたの見方はどのようなものなのだろうと疑問に思っています……イエスの教えは、もう一つの物語のようなもの、単なる道徳心のようなものなのですか?

想像上のイエスは想像上の落とし穴です。あなたが言っている人物が想像上のイエスであれば、その人を必要とすればするほど、望めば望むほど、あなたはその人を偉大な人物にしてしまいます。その人が想像上のイエスであっても、あなたが自分で作り出したそのイエスとの関係の中にあるものをすべて完全に手放せば、それはすべて消えてなくなります。それを呼び戻すものは何もありません……あなたが再びそれにエネルギーを与えなければ。

しかし、あなたに触れている存在が「真なるもの」の本当の存在であれば、どのような精神的あるいは感情的な愛着であれ、あなたがそれを強く手放せば手放すほど、あなたが持つその存在に関する理解は深まります。あらゆる望みや必要性を手放し、内側の開かれた状態と穏やかさという本当のあり方にとどまること――それだけが**本当の**関係に生命を与える唯一の方法です。それがすべてです。それが、存在との親しい関係の中であなたの存在に触れる唯一のエネルギーです。

本当に信じる価値があるのは、あなたがすでに本当だと知っている**あり方**だけです。あなたとあなたの最も深いところにある存在とを結び付け、外側のどんなものを犠牲にしても自分の最も深い部分に身を委ねるようにあなたを引き付ける、信じられないような引力をもたらす存在のあり方だけです。そして、もしその存在のあり方がある方向に一定の引力を引き起こしたとしたら、その方向は身を委ねるだけの価値があるものです。しかし、あらゆる考え、内側の概念、想像、視覚化に関して言えば――それらはどれも、あなたを本当の存在のあり方から外に連れ出してしまいます。それらはどれも、あなたの思考や感情の中で定着するものや、その中で一緒に働くものをあなたに与えます。それらは、頭の中であなたを忙しくします。そうしてあなたは、ひたすら穏やかで本当である内側の存在のあり方からやって来る栄養分の代わりに、内側の痛みを経験し続けることになるのです。

自分の頭の中の声を聞いて、それらをふるいにかけて分類しているとしたら、私がその時に経験するのは、それらが騒々しいものである場合には、多くのエネルギーを消耗するということです。でも、ごく最近この小さな声に耳を傾けてそれを探していた時は、そんなに多くの努力は要りませんでした。ですから、私は思考の中を通過していたというより、実際にその声を聞いていたのだと思います。

その通りです。それはまた、あなたの中の**最も静かな**声ではありません。その声が静かであればあるほど、その中の正直さは大きくなります。あなたの中には、非常に素晴らしく静かであるために全く雑音のない声があります。自分の中の本当に一番静かな声に自分の注意をすべて完全に傾けたとしたら、あなたは全くエネルギーを失うことがありません。そしてそれは、あなたに非常の多くのエネルギーを与えてくれます。それは、止めることのできない流れ、あなたの回りのすべてを癒し、あなたの回りのすべてに栄養分を与えてくれるような――そしてあなたの中で何も使い果たすことがないような――流れを、あなたの中にもたらしてくれます。そのような流れがあなたの中を動くと、あなたは活力を与えられるようになります。小さな子どもたちの中に見られるのと同じ生命力が生まれるのです。

自分が本当に騒々しい思考の中にいると気付いた時の正しい対処の仕方というのは、どこかほかのところに目を向けることですか？

どこかほかのところに目を向ける必要はありません。あなたはその騒々しい声を見続けることができますが、そうするのは、あなたがその中でその騒々しい声に全く信頼を置いていない、内側の静けさからです。あなたはそれに目を向けることができますが、あなたにとって、それは全くつまらない声にしか聞えないでしょう。その声はあなたにとって何の意味も持ちません。それは、そこから目を背ける価値さえありません。あなたがそれを嫌って、そこから目を背けたとしたら、それはあなたの中に何かを**持つ**ことになります――それはあなたが抱いた「それは好きじゃない」を持つことになります。

あなたにとって、騒々しい声から目を背けることは、あなたがこれまでやってきたことよりは、まだ価値があるものでしょう。でも、それはもっと素晴らしいものになります。あなたが自由になればなるほど、そうした声に全く違いがなくなるのです。その時、あなたが内側で実際にそうした声を消せるダイヤルを持っていれば、あなたはえり好みすることさえなくなります。でもあなたはそのダイヤルを決して使わないでしょう。どんなエネルギーがそれを邪魔するように動いたとしても、決して動揺したり、変化したりすることのない絶え間ない静けさが内側に生まれるからです。それは、より一層静かになるだけです。何かのエネルギーがあなたの中に入り、そのダイヤルに真っ直ぐに向かって行って音量を上げる可能性はあります。しかし、あなたはそのダイヤルには決して触れないでしょう。自分の全エネルギーを、内側の一番静かで小さな、最も愛に満ちた声に与えるでしょう。

あなたが自分の中のどんな声でも無条件で受け入れれば、あなたがそれらの声に関して何かをすることは決してありません。どんな声でも入ることが許されます。あなたは、最も温かなやり方で、そうした声には耳を傾けないでしょう。あなたが耳を傾ける声は、一番静かな声だけです。その声は完全にあなたを味方に付けています。あなたは、その静かで小さな声に対する献身的な愛の中で生きるようになります。あなたは決して躊躇したり、疑問に思ったり、異議を唱えたり、騒ぎ立てたりすることはなくなります。あなたは、あなたの中のその一番小さなささやかな声に、あなたの全人生を捧げるために生きるようになります。

その小さな声がある方向に少しでも動いたら、すぐにあなたはその方向に進むでしょう。そして、あなたの人生の中に、あなたと結びついていて、あなたがその方向に向かわないようにしているものが何かあれば、あなたはそれらのつながりを断ち切って、その声が進んでいる方向に向かってその後について行けるようにするでしょう。あなたは、その小さな声に尽くすために生きるようになり、その小さな声があなたに何かを与えてくれることを決して期待しないようになります――見返りは何も求めなくなるのです。すべてを与えるために生きるようになります……どんな時も。

そしてあなたの最も深いところにある存在は、最も深い部分から、意識としてのあなたの最も外側のあらゆる部分に至る流れの中で……あなたの精神的、感情的、肉体的、直感的、意志的なあらゆる表層の乗り物の中で生きるようになり、これらの表現の乗り物がアコーデオンのように広がり始めます。それらは膨らみ、拡大し始め、そしてその流れがあなたの中で広がったあらゆるものを完全に占有するようになります。あなたがこれまで経験したどんなものとも比べようがない精神的な進歩、あなたをびっくりさせるような感情的な深さが生まれます。そして、その開かれたものすべての中で花開き始めるものすべてが、そのささやかな小さな声に**贈る**あなたのかけがえのない宝物になります。あなたは、ただ**あなた自身を与える**ために存在するようになります。

その小さなささやかな声は、ほんの少しだけ流れる――非常に軽やかに、そして非常に穏やかに――、まさにあなたの最も深い部分の内側にある**存在の美しさ、素晴らしさ**です。願望や欲求、期待、夢などを通してあなた自身のためのあなたを創造する代わりに、その素晴らしさを**あなた**にしてください。あなたは、たった一つの夢が残るまで、自分の夢をすべて捨て去ることができます。そのたった一つの夢とは、あなたの最も深い部分が、あなたの中のありとあらゆるものを手に入れるようになることです。それが、**あなた**がこれまで占有していたあらゆる場所を手に入れるようになることです。それが、あなたのたった一つの本当の夢です。

あなたは、自分の人生の中でそれ以外の小さな夢をいろいろ持ちますが、それらはすべてあなたにとって素晴らしく底の浅いものです。それらはただの遊びです。あなたは、あなたの最も深い部分がその中を上昇したり、それと一緒に流れたりできるように、そうした小さな夢をすべてあなたの最も深い部分に与えることもできます。形のあるものをすべて、あなたの中の形のないものに捧げるために生きてください。そうすれば、あなたは、最も深い部分から最も外側の部分に至るまでずっと本当の人間になります。そうすれば、自我はなくなります。意識が自由に、完全に自由になります。それが、実際に本当に本当である存在の唯一のあり方です。

それが、あなたがここにいる理由であり目的です。それ以外に目的はありません。このように、あなたがかつてしがみついていたどんな課題も、あなたの最も深い部分のために生きることから気をそらせるものにすぎなかったのです。課題や関心事は、存在の強奪者でしかありません――場所を奪い取るために作られた存在のあり方なのです。

科学者は、精神《マインド》そのものは本質的に複雑であり、そのために意識とは説明できない神秘的なものだと考えているように思えます。この点に関して、あなたはどんなふうに考えておられるのですか?

実際には、意識を研究している科学者で、自分が何について話しているのか**本当に**分かっている人はいません。科学者は考えることしかできません。科学者は、離れたところから何かを見て、それを研究し、結論を導き出すことしかできないのです。そして、それらの結論は、「完全にかけ離れている」ことがあるのと同じくらい、あっけなく正しいこともあります。科学者は、その人の意識における**存在のあり方**が深い意味で本当でなければ、意識に関して自分がどのような結論を導き出しているのか**本当には**理解することができないのです。もしその人の存在のあり方が本当であれば、その人がそれをただ**研究している**だけということはないでしょう――その科学者は、意識、実在《リアリティ》、「真なるもの」を**生きて**、**実感している**でしょう。

私が疑問に思っているのは、意識は神秘的なものかどうかということです……。

どのように神秘的を定義するのですか？

知ることができない、あるいは経験することができないもの。定量化することができないもの、答えることができないものです。

人生の中に、あるいは宇宙の中に神秘的なものはありません。意識の中に神秘的なものはありません。しかし、**意識にとって**はあらゆるものが素晴らしく神秘的です。意識が見るもので、**意識にとって**神秘的なものはすべて引力をもたらしますし、その時、意識は自分にとって神秘的なもの**の中に**真っ直ぐに入って行きます。中に入ると、意識は完全に自分自身を開放し、神秘的なものの本当の姿を認識し、それと一体化します。意識は、未知のものと一つになり、それを自分自身にとって親近感のある既知のものにしてしまいます。

本当の意識は絶えず自由に未知のものの中に入って行き、それを統合し、それを自分自身にとってよく知られたものにしてしまいます。本当の意識は絶えず拡大と統合の状態にあって、それが終わることはありません。その拡大は、形を持って存在しているあらゆるものの中へと外側に広がって行き、それと全く同時に、意識は内側へと入って行きます――形のないものの中へと深く、深く……深く、深く、深く。

意識を何らかの科学的な方法で定義することは可能だと思いますか、それとも（科学者）はただ時間を無駄にしているだけだと思いますか？

科学者が意識を定義するのに理論を用いているとすれば、彼らは、理論化するのに使っている時間の中には**存在して**いません。本当に意識に目覚めた人が意識を定義しているのなら、その人は自分の時間が**実現する**中に**存在して**います。科学者は、新しい情報を考え出すことしかできません。彼らがその情報を研究し定義するのに精神の乗り物だけを使っているとすれば、そこには**本当の**価値はありません。

本当の科学者とは、意識を未知のものの中へと拡大して行く人のことです。形のあるあらゆる未知のもの、そしてそれと同時に今は形の**ない**あらゆる未知のものの中へと拡大して行き、その過程でそれらと一体化すること。それが**本当の**科学者です。

私の中には、あなたに質問をする存在の動きがあるのでしょうか?

あなたの内側には、私に呼び掛ける存在の動きがありますし、それに関連した反応があります。

私は非常に強い引力、存在の動きを感じています。たった今あなたに聞いた質問を自分自身にした時、(その引力は)少し強くなり始めましたし、あなたが答えてくれた時、それは実に明瞭でした。私たちがつながっている時は、存在の「甘い蜜」が存在するようです。基本的にはそういう状態です。「真なるもの」が私を受け取っていて、あなたが私を受け取っているというのが私の感覚です。でも(同時に)、あなたを受け取りたい——その甘い蜜を受け取りたい(という)声も存在しています。

あなたは、存在のあり方としての私の存在、その存在の本当のあり方の根源としての私の存在を受け取ることができます……**あなた**のあり方ではなく。あなたは、あなたの最も深い部分と一致するあり方でだけ私を受け取ることができます。**その**あり方の中でなら、望むものを何でも手に入れることができます。何でもです。限界はありませんし、制限はありません。あなたはすでにそういうふうに私と一体感を持っていますし、我々が直接つながっている時は、あなたの存在を動かすあり方の中にあなたがいるのは簡単です——ただそれが非常に狭いだけです。

（あなたとつながるのが）簡単なのは、あなたが私にいわば「触れている」、つまり、私をあなたの中へと引き出してくれているからではないのですか？

そうです。しかし、内側の深いところであなたはすでに、どうようにしてそのあり方の中に存在すればいいのか知っています。なぜなら、どのように反応すればいいのかについて狭い**認識**があるからです。だから、流れがあるのです。存在の関係、あるいは結び付きがあるのです。

その結び付きの中には、多くの内面的な「旅」の可能性があります——起きる可能性のあることはそれよりもっとたくさんあります。しかし、私が誰かほかの人とつながっている時は、私がその時に流れ込んでいるのと同じ関係、同じ種類の存在の結び付きにあなたが参加するためには、あなたの今の存在の狭さが拡大し、大きくならなくてはなりません。そのつながりが今、直接**あなたの方に**向いていない時でも、**私の内側**で起きていることをあなたが包み込めるようになるためには、あなたの存在の狭いあり方が広がらなくてはなりません。**あなたの**存在の深さと広さが大きくなればなるほど、我々の存在の結び付きがそうした狭さによって制限されたり、閉じ込められたりすることが少なくなります。存在としてのあなたのあり方が拡大するにつれて、存在としての私のあり方とあなたとのつながり、参加、「旅」も同じように成長して行きます。

あなたの存在のあり方が拡大する唯一の方法は、より深く内側に入って行くことです。そうすれば、心《ハート》あるいは意識としてのあなたが溶けて、はるかに素晴らしく純度の高いものになります。そして、あなたの最も深い部分は、あなたがこれまで想像もできなかったような存在の深さと広がりで、私の**存在**を受け取るようになります。あなたが、自分が本当だと知っているものに身を委ね続ければ、それは起こります。必ず起こります。あなたが愛しているその**存在のあり方**に**あなた**を手放し続け、その非常に穏やかな内側の存在のあり方が**存在する**ための別の場所を持つようになるまで、**あなたの**場所をその内側の存在のあり方と交換し続ければ、そして、**あなた**を捧げ続ければ、それは必ず起こります。そして、あなたはどんどんどんどん深く私の内側に入り続けます――あなたが本当だと**知っている**私の**存在のあり方**の中に。

私はあなたの**外側**で、あなたの**内側**にあるものの深さを示し続けます。あなたがその存在のあり方に身を委ねれば委ねるほど、あなたはより遠くまで私の**存在**の内側に辿り着けるようになり、あなた自身の存在がそれだけ深く**あなた**の内側で開放されるようになります。このような本当に素晴らしい関係が起きるのです――存在の関係が。

そのような存在の関係とは、あなたが**あなたの場所**を、**あなたが知っている私の存在**に所有させ、支配させる一方で、私が私の場所と私の存在を、**私が知っているあなたの中**の、開放され続け、穏やかになり続けるその小さな部分に所有させ、支配させ続けるという関係です。私は、あなたの中のその場所に、私の存在のすべてを支配させます。私は、自分自身をあなたに明け渡します……。

このようにして、我々はこのような反応し合う関係を持つのです。それは、「真なるもの」における愛の関係です。そこには、「存在が心を奪われる」という状態の流れ、親密さの流れがあります。それは最も深い部分の親密さです。それが本当だとあなたが**知っている**からこそ、存在としてのあなたの本当のあり方にとって、それは抵抗し難いものなのになります。そして、あなたの内側でそのような流れが触れるのは、あなたの存在だけです。

「真なるもの」に心を奪われた状態の中でだけ、自分自身を見つけることができます。「真なるもの」は、「真なるもの」は、我々が日常的に物事を理解するやり方から見れば、個人的と言えるものでありませんが、それでもそれは存在の絶対的な親密さです。それは、かつて存在していた、そしてこれからも存在する唯一の**真の存在の充足感**です。「真なるもの」は神秘的なものではありません――その最大の神秘は、純粋な正直さとその正直さが明らかにしてくれるものに身を委ねることによって知ることができます。人間として**本当に**生き、**真に**成長するのは、意識としてのあなたの力です。それを味わった瞬間、あなたはその素晴らしさによって栄養分を与えられ、その完全性に満たされることに抵抗し難いほど惹きつけられます。「真なるもの」とは、意識の完全な自由です。そして、あなたは決して終着点に到達することはありません。

著者プロフィール

ジョン・デ・ライター　John de Ruiter

1959年カナダ生まれ。

哲学者であり、教師。カナダ、エドモントン在住。

17歳の時に存在の根源と一つになる経験をし、その数年後から自らの教えを説き始める。

現在は、エドモントンのカレッジ（the College of Integrated Philosophy）のほか、世界各地でセミナーなどを開催、教師を務める。セミナーには世界中から聴講者が訪れる。

著書："Unveiling Reality"（Oasis Edmonton Publishing, 1999)、"Die Entschleierung der Wirklichkeit"（Oasis Edmonton Publishing, 2002)、"Realtà senza veli"（Tecniche Nuove, January, 2012）など。


ホームページ（英語）：http://www.johnderuiter.com/

翻訳者プロフィール

尾本憲昭　Noriaki Omoto

1954年京都市生まれ。カリフォルニア州立大学社会学部卒業。外資系の債券格付会社、証券会社で翻訳業務を担当後、独立。現在は尾本翻訳事務所代表。訳書に『宇宙意識』（リチャード・モーリス・バック著、ナチュラルスピリット)、『キリスト意識』（ノーマン・ポールセン著、同）など。

ベールを脱ぐ実在《リアリティ》

●

2014年4月23日　初版発行

著者／ジョン・デ・ライター

訳者／尾本憲昭

本文 DTP ／ワークスティーツー

編集／磯貝いさお

発行者／今井博央希

発行所／株式会社ナチュラルスピリット

〒107-0062　東京都港区南青山 5-1-10
南青山第一マンションズ 602
TEL 03-6450-5938　FAX 03-6450-5978
E-mail: info@naturalspirit.co.jp
ホームページ http://www.naturalspirit.co.jp/

印刷所／株式会社 暁印刷

ISBN978-4-86451-116-2 C0010
落丁・乱丁の場合はお取り替えいたします。
定価はカバーに表示してあります。